Quintus Horatius Flaccus, geboren am 8. Dezember 65 v. Chr. in Venusia (Venosa in Süditalien), ist am 27. November 8 v. Chr. in Rom gestorben.

Seit der Wiederentdeckung der Antike durch die Wissenschaften des Mittelalters und der Renaissance haben die gebildeten Gesellschaftsschichten mit den Oden des Horaz gelebt. Sie haben sie auswendig gelernt und zitiert, sie in ständig neuen Versuchen übersetzt und interpretiert. Der Römer Horaz und der Grieche Pindar haben mit ihrer von genauem Versmaß und Rhythmus bestimmten Odenkunst zahlreiche Nachahmer in den heutigen europäischen Sprachen gefunden, so in Deutschland beispielsweise in Klopstock und Hölderlin. Der Einfluß dieses neben Vergil und Ovid berühmtesten Dichters der Blütezeit Roms unter Kaiser Augustus auf die gesamte europäische Dichtkunst, Philosophie und Metaphysik kann nicht überschätzt werden und ist noch heute wirksam.

Vorliegender Band bringt in Neuübertragung eine Auswahl aus dem Kreis der zeitlich frühesten Oden, die viel weniger als die späteren von der Stellung des Horaz als eines auch für politische Zwecke in Anspruch genommenen Dichters geprägt sind. Bei der Auswahl standen die lyrische Qualität und die Verständlichkeit für den heutigen Leser im Vordergrund. Einbezogen wurden insbesondere die Oden, welche die Lebensphilosophie des Dichters offenbaren, seine Aufforderung, sich dem gegenwärtigen Leben zuzuwenden, ohne sich dabei von der Sorge um die Zukunft lähmen zu lassen.

insel taschenbuch 1418

Horaz

Oden

HORAZ
ODEN

Lateinisch und deutsch
Ausgewählt, neu übertragen
und kommentiert
von Winfried Tilmann
Insel Verlag

Für Maria

insel taschenbuch 1418
Erste Auflage 1992
Erstausgabe

Hinweise zu dieser Ausgabe am Schluß des Bandes
Vertrieb durch den Suhrkamp Taschenbuch Verlag
Umschlag nach Entwürfen von Willy Fleckhaus
Satz: Satz-Offizin Hümmer, Waldbüttelbrunn
Druck: Nomos Verlagsgesellschaft, Baden Baden
Printed in Germany

1 2 3 4 5 6 – 97 96 95 94 93 92

INHALT

VORWORT

Vor dem zweitausendsten Todestag des Quintus Horatius Flaccus am 27. November 1992* soll die nachstehende Auswahl seiner Oden aus dem 1. und 2. Buch an diesen großen europäischen Dichter erinnern.

Im Mittelpunkt steht der lateinische Text. Übersetzungen von Gedichten in andere Sprachen können ohnehin nur versuchen, das Kunstwerk treu und schön zu spiegeln. Sie können nur Brücken sein. Bei den Oden des Horaz ist es schwer, den Doppelsinn von Worten, die durch Wortstellungen oder den Einfluß der Rhythmen bewirkten Anklänge eines Neben- oder Hintersinns mit der Übersetzung zu erfassen. Ich habe versucht, die Ausdruckskraft und Schönheit der deutschen Sprache so weit wie möglich zu nutzen. Mitunter ließ es sich jedoch nicht vermeiden, das lateinische Wort und seinen Hintersinn durch mehrere deutsche Worte wiederzugeben.

Meine Kommentare liefern weitere Hinweise. Sie geben meinen persönlichen Eindruck davon wieder, was über die unmittelbare Aussage des Odentextes hinaus an Andeutungen, Anspielungen und allegorischen Aussagen in dem Text anklingen könnte. Ein Kunstwerk als Verdichtung der Wirklichkeit weist über sich hinaus, ist offen für die Interpretation, lädt zu einem interpretierenden Spiel ein. Das ist sein Leben. Auf der Ebene dieser Metakommunikation läßt sich trefflich streiten oder besser: argumentieren, spielen. Meine Erklärungsversuche auf dieser Ebene treten daher, auch wenn sie in Behauptungsform erscheinen, nicht mit dem Anspruch auf »Richtigkeit« auf. Sie sind vielmehr eine Aufforderung zum eigenen spielerischen Assoziieren, zum Lesen von Lyrik.

Wenn ich auch die Verantwortung allein trage, bin ich doch

* Gerechnet nach der Zahlenentsprechung. Das Datum der 2000. Wiederkehr des Todestages ist der 27. November 1993.

vielen zu Dank verpflichtet: den Professoren Manfred Fuhrmann, Ilona Opelt, Viktor Pöschl sowie Herrn Friedrich Müller für zahlreiche Hinweise, Herrn Professor Robin Nisbet für ein Gespräch in Oxford, Frau Roswitha George für das Manuskript und meiner Familie für ihre Geduld.

Winfried Tilmann

HORAZ
ODEN

Liber primus

CARMEN I 1

Maecenas atavis edite regibus,
o et praesidium et dulce decus meum:
sunt quos curriculo pulverem Olympicum
collegisse iuvat, metaque fervidis
evitata rotis palmaque nobilis
terrarum dominos evehit ad deos;
hunc, si mobilium turba Quiritium
certat tergeminis tollere honoribus;
illum, si proprio condidit horreo
quidquid de Libycis verritur areis;
gaudentem patrios findere sarculo
agros Attalicis condicionibus
numquam demoveas, ut trabe Cypria
Myrtoum pavidus nauta secet mare;
luctantem Icariis fluctibus Africum
mercator metuens otium et oppidi
laudat rura sui, mox reficit rates
quassas, indocilis pauperiem pati;
est qui nec veteris pocula Massici
nec partem solido demere de die
spernit, nunc viridi membra sub arbuto
stratus, nunc ad aquae lene caput sacrae;
multos castra iuvant et lituo tubae
permixtus sonitus bellaque matribus
detestata; manet sub Iove frigido
venator tenerae coniugis inmemor,
seu visa est catulis cerva fidelibus,
seu rupit teretes Marsus aper plagas.
  Me doctarum hederae praemia frontium

Erstes Buch

ODE I 1

Maecenas, Urväter-Könige Sproß,
oh du mein Schutz und Geleit, süße Ehre und Zier:
Manchen gefällt es, Olympischen Staub mit dem Wagen
gewirbelt zu haben,
wenn glühend die Räder gerade die Säule gemieden,
so hebt sie die Palme der Ehre
hoch zu den Göttern, den Herren der Erde;
diesem gefällt die Entscheidung der schwankenden
Menge der Bürger,
ihn mit dreifacher Ehrung hoch zu erheben;
jenem gefällt es, in eigener Scheuer alles zu bergen,
was man auf libyschen Tennen zusammengefegt;
wen es ganz glücklich macht, heimische Äcker
mit kleiner Hacke zu lockern,
bringst auch mit Attalus-Zusagen du nicht dazu,
daß er als furchtsamer Seemann auf cyprischem Schiffe
myrtoisches Meer durchkreuzt;
den Afrika-Wind, wie er kämpft mit ikarischen Fluten,
fürchtet der Kaufmann und lobt sich die Ruhe, die
ländliche Flur
seiner Stadt; dann aber stellt die zerschlagenen Schiffe
er rasch wieder her, kann es nicht lernen, Armut zu leiden;
den gibt es, der die Pokale mit älterem Massicus gar nicht
verschmäht,
und sich gern Stunden bricht aus dem Gefüge des Tages,
jetzt streckt unterm grünenden Erdbeerbaum er
seine Glieder,
jetzt an der heiligen Wasser sanft murmelndem Quell;
viele erfreun sich am Lager, am Doppelklang des Signalhorns

dis miscent superis, me gelidum nemus
Nympharumque leves cum Satyris chori
secernunt populo, si neque tibias
Euterpe cohibet nec Polyhymnia
Lesboum refugit tendere barbiton.
quodsi me lyricis vatibus inseres,
sublimi feriam sidera vertice.

und der Trompete, an Kriegen, von Müttern verflucht;
der Jäger harrt aus unter Jupiters frostigem Himmel
und schweift in Gedanken nicht ab zu der zärtlichen Gattin,
wenn seine Hunde, die treuen, die Hirschkuh gespürt
oder der Marsische Eber die hartfeinen Netze zerreißt. –
Mich hebt der Efeukranz, Preis für die Dichterstirn,
unter die Götter, die hohen, mich scheidet kühl-
schattger Hain,
der schwebende Chortanz der Nymphen mit den Satyrn
von allem Volk, wenn mir nur Euterpe die
Doppelflöten nicht vorenthält und Polyhymnia sich
mir nur nicht sträubt, die Lesbische Lyra zu stimmen.
Wenn dann noch du den alten Sängern mich gleichstellst,
trage den Kopf ich so hoch, rühr an die Sterne.

Sic te diva potens Cypri,
    sic fratres Helenae, lucida sidera,
ventorumque regat pater
    obstrictis aliis praeter Iapyga,

navis, quae tibi creditum
    debes Vergilium, finibus Atticis
reddas incolumem precor
    et serves animae dimidium meae.

illi robur et aes triplex
    circa pectus erat, qui fragilem truci
conmisit pelago ratem
    primus, nec timuit praecipitem Africum

decertantem Aquilonibus
    nec tristis Hyadas nec rabiem Noti,
quo non arbiter Hadriae
    maior, tollere seu ponere volt freta.

quem mortis timuit gradum
    qui siccis oculis monstra natantia,
qui vidit mare turbidum et
    infamis scopulos Acroceraunia?

nequiquam deus abscidit
    prudens oceano dissociabili
terras, si tamen inpiae
    non tangenda rates transiliunt vada.

ODE I 3

So mögen dich denn die göttliche Herrin von Zypern,
die Brüder der Helena, leuchtende Sterne,
der Vater der Winde geleiten,
der alle, nur nicht den Iapyx fessle,

Schiff, das Vergil du nun schuldest,
den, der dir anvertraut: Bring ihn,
so bitt ich, heil, ohne Schaden ans attische Ufer,
wahr meiner Seele anderen Teil.

Dem war dreifach gepanzert die Brust mit Eiche
und Erz, der das zerbrechliche Schiff
dem grimmigen Meere als erster vertraute,
der fürchtete nicht den schnellen Vorstoß des Africus

im Kampf mit dem Nordsturm des Aquilon,
die trüben Hyaden nicht und nicht das Wüten des Notus,
der Adria mächtigsten Willkürherrn,
ob er die Fluten aufwühlen oder beruhigen mag.

Welchen der Schritte des Todes hat der noch gefürchtet,
der trockenen Auges die Meermonster schwimmen,
das stürmische Meer, die berüchtigten Klippen
von Acroceraunia sah?

Umsonst hat ein Gott einst das Festland
vom abweisend sich nicht verbindenden Meere weise
getrennt,
wenn dennoch frevelhaft Schiffe den Sprung
über zu meidende Untiefen wagen.

audax omnia perpeti
    gens humana ruit per vetitum nefas.
audax Iapeti genus
    ignem fraude mala gentibus intulit;

post ignem aetheria domo
    subductum macies et nova febrium
terris incubuit cohors,
    semotique prius tarda necessitas

leti corripuit gradum.
    expertus vacuum Daedalus aera
pinnis non homini datis;
    perrupit Acheronta Herculeus labor.

nil mortalibus ardui est:
    caelum ipsum petimus stultitia neque
per nostrum patimur scelus
    iracunda Iovem ponere fulmina.

Vermessen bereit, alles zu leiden,
stürmt das Menschengeschlecht durch verbotenen Frevel.
Vermessen hat Feuer des Japetus' Sproß
durch böse List den Völkern gebracht.

Kaum war das Feuer der himmlischen Heimstatt entrissen,
da drangen Magersucht und eine neue
Kriegsschar von Fiebern ein in die Lande,
und haben des früher so weitfernen Todes

spätendliches Los seine Schritte beschleunigt.
Daedalus prüfte die Leere der Lüfte
mit Flügeln, dem Mensch nicht gegeben,
Herkules' Krafttat durchbrach der Unterwelt Grenzen.

Nichts gilt den Sterblichen je als zu schwer, als zu hoch,
den Himmel selbst bestürmen wir töricht,
und leiden durch unseren Frevel nur,
daß Jupiter nicht von den Zornblitzen läßt.

CARMEN I 4

Solvitur acris hiems grata vice veris et Favoni
    trahuntque siccas machinae carinas,
ac neque iam stabulis gaudet pecus aut arator igni
    nec prata canis albicant pruinis.

iam Cytherea choros ducit Venus imminente luna,
    iunctaeque Nymphis Gratiae decentes
alterno terram quatiunt pede, dum gravis Cyclopum
    Volcanus ardens visit officinas.

nunc decet aut viridi nitidum caput impedire myrto
    aut flore, terrae quem ferunt solutae,
nunc et in umbrosis Fauno decet immolare lucis,
    seu poscat agna sive malit haedo.

pallida Mors aequo pulsat pede pauperum tabernas
    regumque turris. o beate Sesti,
vitae summa brevis spem nos vetat incohare longam;
    iam te premet nox fabulaeque Manes

et domus exilis Plutonia; quo simul mearis,
    nec regna vini sortiere talis
nec tenerum Lycidan mirabere, quo calet iuventus
    nunc omnis et mox virgines tepebunt.

ODE I 4

Gelöst wird der Winter, der strenge, im lieblichen
   Wechsel zu Frühling und Westwind,
es ziehen die Winden die Schiffe auf trockenem Kiel,
schon findt das Vieh kein Gefallen mehr an seinen Ställen,
   der Pflüger am Feuer,
es werden die Wiesen nicht weiß mehr von hellem Reif.

Schon führt die Venus von Cythera Chorreigen an,
   und der Mond steht darüber,
mit Nymphen vereint stampfen Grazien hold mit
   den Füßchen
ein um das andere fest auf die Erde, während Vulcanus
glutvoll die Schwerschmiede seiner Zyklopen besucht.

Jetzt ziemt's, das Haupt, das gesalbte, mit grüner Myrte
   zu schmücken
oder mit Blumen, die die gelösten Fluren schon tragen.
Jetzt ziemt's, in schattigen Hainen dem Faune zu opfern
ein Lamm, wenn er's fordert, den Bock, wenn er's vorzieht.

Bleich pocht der Tod mit dem gleichen Fuß an die Hütten
   der Armen
wie an der Könige Türme. Glücklicher Sestius,
die kurze Gänze des Lebens läßt es nicht zu, daß lange
   Hoffnung wir nähren,
bald drängen die Nacht dich, die Manen der Sage,

des Pluton armseliges Haus. Wenn dorthin du wanderst,
erlangst du durch Würfel kein Weinkönigreich mehr,
wirst nicht mehr bewundern den schlanken Lycid, für den alle
Jungen jetzt glühen, für den sich schon bald die Mädchen
   erwärmen.

CARMEN I 5

Quis multa gracilis te puer in rosa
perfusus liquidis urget odoribus
grato, Pyrrha, sub antro?
cui flavam religas comam

simplex munditiis? heu quotiens fidem
mutatosque deos flebit et aspera
nigris aequora ventis
emirabitur insolens,

qui nunc te fruitur credulus aurea,
qui semper vacuam, semper amabilem
sperat, nescius aurae
fallacis. miseri, quibus

intemptata nites. me tabula sacer
votiva paries indicat uvida
suspendisse potenti
vestimenta maris deo.

ODE I 5

Wer ist der zierliche Knabe, der auf viel Rosenblüten
dich ganz überströmt von duftenden Ölen begehrt,
Pyrrha, willkommen beschirmt von der Grotte?
Wem legst das goldblonde Haar du zurück,

in einfachem Schmuck? Oh, wie oft wird die schwankende
Treue,
den unsteten Sinn der Götter beweinen, den Spiegel
des Meeres,
der rauh wird von dunkelen Winden,
schmerzlich verwundert betrachten, ganz ungeübt,

der deinen goldenen Glanz heute so gläubig genießt,
dich ständig frei für sich, stets liebesbereit wähnt,
nicht sich bewußt ist der Tücke des Windes?
Ihr Armen, denen du noch

nicht erfahren erglänzt. Von mir sagt die heilige
Mauer, durch eine Tafel des Dankes, daß ich die nassen
Gewänder zur Weihe dem mächtigen
Gotte des Meeres aufgehängt habe.

CARMEN I 9

Vides ut alta stet nive candidum
Soracte nec iam sustineant onus
silvae laborantes geluque
flumina constiterint acuto?

dissolve frigus ligna super foco
large reponens atque benignius
deprome quadrimum Sabina,
o Thaliarche, merum diota.

permitte divis cetera, qui simul
stravere ventos aequore fervido
deproeliantis, nec cupressi
nec veteres agitantur orni.

quid sit futurum cras, fuge quaerere, et
quem Fors dierum cumque dabit, lucro
adpone, nec dulcis amores
sperne puer neque tu choreas,

donec virenti canities abest
morosa. nunc et campus et areae
lenesque sub noctem susurri
conposita repetantur hora,

nunc et latentis proditor intumo
gratus puellae risus ab angulo
pignusque dereptum lacertis
aut digito male pertinaci.

ODE I 9

Siehst du, wie hoch dort mit Schnee bedeckt aufragt der weiße
Soracte, wie ächzend kaum noch die Last
die Wälder ertragen und wie vom beißenden Frost
die Flüsse zum Stillstand gefroren?

Löse die Kälte auf, leg reichlich Holzscheite nach auf
den Herd
und hole freundlich mehr von dem vierjährgen
Wein im Sabiner Doppelgriffkruge hervor,
mein Thaliarchos.

Überlaß alles weitre den Göttern: Sobald sie
die wild um die schäumende Weite des Meeres
kämpfenden Winde beruhigt, stehn die Zypressen
ganz unbewegt still wie die alten Eschen.

Was morgen sein wird, meide zu fragen,
jeden der Tage, die das Schicksal dir schenken mag, acht
als Gewinn,
verschmähe nicht, Knabe, die süßen Freuden der Liebe,
bleibe den Tänzen nicht fern, du,

solang deine grünfrische Jugend den Starrsinn des Graukopfs
nicht kennt.
Jetzt: das Marsfeld, die Plätze der Stadt,
das freundliche Raunen und Plaudern im Eingang der Nacht,
setze sie fort zur vereinbarten Stunde.

Jetzt: aus dem hintersten Winkel das lockende Lachen
des Mädchens, das sich versteckt und verrät,
das Pfand ihr vom Arme gestreift
oder vom Finger, der es nur scheinbar verwehrt.

Mercuri, facunde nepos Atlantis,
qui feros cultus hominum recentum
voce formasti catus et decorae
more palaestrae,

te canam, magni Iovis et deorum
nuntium curvaeque lyrae parentem,
callidum quidquid placuit iocoso
condere furto.

te, boves olim nisi reddidisses
per dolum amotas, puerum minaci
voce dum terret, viduus pharetra
risit Apollo.

quin et Atridas duce te superbos
Ilio dives Priamus relicto
Thessalosque ignis et iniqua Troiae
castra fefellit.

tu pias laetis animas reponis
sedibus virgaque levem coerces
aurea turbam, superis deorum
gratus et imis.

Mercurius, redegewandter Enkel des Atlas,
der du die rohen Menschensitten der Frühzeit
durch Sprache klarscharf geformt wie durch die Regeln
der schönen Bewegung beim Wettkampf,

dich will ich besingen, des großen Jupiters Boten und
  aller Götter,
der schwingend gewölbten Lyra Erbauer,
den Listigen, der, was ihm gefiel, durch köstlichen
Diebstahl rasch für sich barg.

Über dich mußte Apollon, als er mit drohender Stimme
dich Knaben einst schreckte, daß du die listig entwendeten
  Rinder
zurückgäbst, doch lachen, als er sich dann noch
des Köchers beraubt fand.

Ja, mit dir als Führer hat Priamus mit seinem Reichtum,
als er Troja hinter sich ließ, die stolzen Atriden,
thessalische Wachtfeuer und
Troja feindliche Lager umgangen.

Du bringst die Seelen der Frommen zu ihrem glücklichen
  Ruhsitz zurück,
mit goldendem Stab zwingst du die schwebende Schar,
willkommen den Göttern der Höhe
wie denen der Unterwelt.

CARMEN I 11

Tu ne quaesieris, scire nefas, quem mihi, quem tibi
finem di dederint, Leuconoe, nec Babylonios
temptaris numeros. ut melius, quidquid erit, pati,
seu pluris hiemes seu tribuit Iuppiter ultimam,
quae nunc oppositis debilitat pumicibus mare
Tyrrhenum. sapias, vina liques et spatio brevi
spem longam reseces. dum loquimur, fugerit invida
aetas. carpe diem quam minimum credula postero.

ODE I 11

Du sollst nicht fragen, Leuconoe, such nicht
verbotenes Wissen,
was mir, was dir für ein Ende die Götter bestimmt,
forsch nicht in den Sternen. Dulde es besser so,
wie es kommt,
ob Jupiter uns viele Winter geschenkt,
ob es der letzte ist, der nun an gegenragenden Klippen
kraftlosschäumt das Tyrrhenische Meer – werd weise,
kläre den Wein und schneide
auf kurzen Raum die rankende Hoffnung zurück. Während
wir sprechen, floh schon die neidische Zeit.
Pflücke den Tag, setze, so wenig du kannst,
leichtgläubig auf morgen.

CARMEN I 17

Velox amoenum saepe Lucretilem
mutat Lycaeo Faunus et igneam
defendit aestatem capellis
usque meis pluviosque ventos.

inpune tutum per nemus arbutos
quaerunt latentis et thyma deviae
olentis uxores mariti,
nec viridis metuunt colubras

nec Martialis haediliae lupos
utcumque dulci, Tyndari, fistula
valles et Usticae cubantis
levia personuere saxa.

di me tuentur, dis pietas mea
et musa cordi est. hic tibi copia
manabit ad plenum benigno
ruris honorum opulenta cornu.

hic in reducta valle Caniculae
vitabis aestus et fide Teia
dices laborantis in uno
Penelopen vitreamque Circen.

hic innocentis pocula Lesbii
duces sub umbra, nec Semeleius
cum Marte confundet Thyoneus
proelia, nec metues protervum

Behend wechselt Faunus oft über vom Lykaios
zum lieblichen Lucretilis und wehrt mir
die Feuerhitze des Sommers von meinen Ziegen
und die Winde voll Regen.

Straflos suchen im sicheren Hain sie
verborgene Erdbeersträuche und Thymian
vom Weg ab, die Damen des stinkenden Gatten,
die jungen Geißen fürchten sich weder

vor grünglatten Schlangen noch vor martialischen Wölfen,
wann immer, oh Tyndaris, von süßer Flöte
die Täler, die unbewachsenen Felsen
der hingelagerten Ustica widerhalln.

Die Götter geben mir Schutz, den Göttern
  liegt meine fromme Kraft
und meine Muse am Herzen. Hier fließt dir in Menge,
in Fülle der reichlichen Schätze des Landes
freundliches Horn.

Hier im entlegenen Tal entgehst du der Hitze
des Hundssterns und singst zur Te'ischen Lyra
davon, wie um den einen gelitten Penelope
und die glasschimmernd-lockende Circe.

Hier trinkst du gemächlich im Schatten Becher des
  unschuldgen
lesbischen Weins, weder wird Bacchus, Semeles Sohn,
zusammen mit Mars einen Saufrauf entfesseln,
noch brauchst du, dem stürmischen Cyrus verdächtig,

suspecta Cyrum, ne male dispari
incontinentis iniciat manus
et scindat haerentem coronam
crinibus inmeritamque vestem.

zu fürchten, daß er, ganz unbeherrscht,
Hand an die viel Schwächere lege,
daß den ins Haar geflochtenen Kranz er,
das unschuldge Kleid dir zerreiße.

Vile potabis modicis Sabinum
cantharis, Graeca quod ego ipse testa
conditum levi, datus in theatro
    cum tibi plausus,

clare Maecenas eques, ut paterni
fluminis ripae simul et iocosa
redderet laudes tibi Vaticani
    montis imago.

Caecubum et prelo domitam Caleno
tu bibes uvam: mea nec Falernae
temperant vites neque Formiani
    pocula colles.

ODE I 20

Trinken wirst du schlichten Sabiner
aus einfachen Bechern, den habe ich selbst
in den griechischen Krug gefüllt und verschlossen, als
im Theater
dir Beifall erklang,

daß, edler Ritter Maecenas, vom Ufer des Flusses
der Väter und vom Vatikanischen Hügel
dir scherzend zugleich den Lobruf
das Echo zurückwarf.

Caecuber, Wein aus der Kelter von Cales,
die magst du trinken. Mir sind die Becher
nicht mit dem Wein aus Falernischer Rebe, von Formiaes
Hügeln gemischt.

Integer vitae scelerisque purus
non eget Mauris iaculis neque arcu
nec venenatis gravida sagittis,
    Fusce, pharetra,

sive per Syrtis iter aestuosas
sive facturus per inhospitalem
Caucasum vel quae loca fabulosus
    lambit Hydaspes.

namque me silva lupus in Sabina,
dum meam canto Lalagen et ultra
terminum curis vagor expeditis,
    fugit inermem,

quale portentum neque militaris
Daunias latis alit aesculetis
nec Iubae tellus generat, leonum
    arida nutrix.

Pone me pigris ubi nulla campis
arbor aestiva recreatur aura,
quod latus mundi nebulae malusque
    Iuppiter urget,

pone sub curru nimium propinqui
solis, in terra domibus negata:
dulce ridentem Lalagen amabo,
    dulce loquentem.

ODE I 22

Rein im Leben und von Untaten frei
braucht keine maurischen Speere man und keine Bogen
und keinen Köcher schwervoll von giftigen
Pfeilen, oh Fuscus,

ob durch die glühenden Syrten der Weg gehen soll,
ob durch den Kaukasus unwirtlich
oder zu Orten, die sagenumwoben
Hydaspes umspült.

Ist doch vor mir auch im Wald des Sabinerlands,
während ich meiner Lalage sang
und über Grenzen ganz sorglos hin streifte,
ein Wolf einst geflohen – vor mir ohne Waffen,

ein solches Monstrum, wie es das kriegrische Daunien
in weiten Eichenwäldern nicht nährt,
noch Jubas Heimat, der Löwen
verdorrte Amme, gebiert.

Versetz mich in karge Gefilde, wo nicht ein
Lüftchen im Sommer die Bäume erfrischt,
in jene Gegend der Welt, die Nebel heimsucht
und rauhes Wetter,

versetz mich unter den Wagen der allzu nah rollenden Sonne,
in jenes Land, dem Wohnen versperrt,
ich werde die hold lächelnde Lalage lieben,
ihr süßes Geplauder.

Parcius iunctas quatiunt fenestras
iactibus crebris iuvenes protervi
nec tibi somnos adimunt amatque
    ianua limen,

quae prius multum facilis movebat
cardines. audis minus et minus iam:
'me tuo longas pereunte noctes,
    Lydia, dormis?'

invicem moechos anus arrogantis
flebis in solo levis angiportu
Thracio bacchante magis sub inter-
    lunia vento,

cum tibi flagrans amor et libido,
quae solet matres furiare equorum,
saeviet circa iecur ulcerosum,
    non sine questu,

laeta quod pubes hedera virenti
gaudeat pulla magis atque myrto,
aridas frondes hiemis sodali
    dedicet Euro.

ODE I 25

Seltener pochen jetzt an die verschlossenen Läden
mit häufigen Würfen wilddrängende Jungen,
sie nehmen dir nicht mehr den Schlaf, und es schläft bei
der Schwelle die Pforte,

die früher so leichtviel die Angeln bewegte.
Du hörst es jetzt weniger, seltener das
»Nach dir vergeh ich, der dein, die ganze Nacht schon,
schläfst du denn, Lydia?«

Umgekehrt wirst du als Alte nun über den Hochmut
der Freier
weinen, ganz unbeachtet in dem verlassenen Gäßchen,
während der Thrakerwind stürmischer heult,
wenn's auf den Neumond zugeht,

während dir brennend Liebe und Lust,
die oft die Mutterpferde so rasend macht,
wütet um die zerrissene Leber,
recht voller Jammer,

daß die lustfröhliche Jugend sich mehr an
hellgrünem Efeu, an dunkeler Myrte erfreut,
vertrocknete Blätter aber ganz gern dem Gesellen
des Winters, dem Eurus-Wind, läßt.

CARMEN I 26

Musis amicus tristitiam et metus
tradam protervis in mare Creticum
portare ventis, quis sub Arcto
rex gelidae metuatur orae,

quid Tiridaten terreat, unice
securus. o quae fontibus integris
gaudes, apricos necte flores,
necte meo Lamiae coronam,

Piplei dulcis. nil sine te mei
prosunt honores. hunc fidibus novis,
hunc Lesbio sacrare plectro
teque tuasque decet sorores.

ODE I 26

Den Musen ein Freund überlasse die Traurigkeit ich
und meine Ängste den stürmischen Winden, die sie ins
  Kretermeer tragen,
ich fühle mich, gleichgültig, was für ein König
eisiger Küstengebiete im Norden sich furchtbar macht,

was Tiridates schreckt, einmalig sicher.
Oh die du reinheile Quellwasser liebst,
winde sonnleuchtende Blumen, winde sie meinem
Lamia zum Kranz,

holde Pipleis. Nichts ohne dich
sind meine rühmenden Lieder: Ihm mit neuen Gesängen,
ihm mit lesbischer Laute zu huldgen,
dir nur gebührt's, dir, deinen Schwestern.

Poscimur, si quid vacui sub umbra
lusimus tecum, quod et hunc in annum
vivat et pluris, age dic Latinum,
    barbite, carmen,

Lesbio primum modulate civi,
qui ferox bello tamen inter arma,
sive iactatam religarat udo
    litore navim,

Liberum et Musas Veneremque et illi
semper haerentem puerum canebat
et Lycum nigris oculis nigroque
    crine decorum.

o decus Phoebi et dapibus supremi
grata testudo Iovis, o laborum
    dulce lenimen, mihi cumque salve
      rite vocanti.

ODE I 32

Man ruft uns. Wenn je wir leer, müßig im Schatten
im Spiel mit dir schufen, was dies Jahr überlebt
und viele dazu, auf sing ein lateinisches Lied jetzt,
oh, meine Laute,

vom Bürger von Lesbos zuerst im Takte geschlagen,
der, wild im Kampf, sogar noch in Waffen
oder nachdem das schwankende Schiff er vertäute auf
nassem Gestade,

Lieder dem Bacchus, den Musen, der Venus,
ihrem stets anhänglich-schmiegsamen Knaben gesungen,
dem Lycus im Zauber der tiefschwarzen Augen, des
schwarzen Gelocks.

Oh Zauber Apollons, lieblich-willkommene Lyra
beim Festmahl des Höchsten, des Jupiter,
süß Labsal in Leiden, mir immer willkommen, ich
recht nach dir rufe.

CARMEN I 37

Nunc est bibendum, nunc pede libero
pulsanda tellus, nunc Saliaribus
ornare pulvinar deorum
tempus erat dapibus, sodales.

antehac nefas depromere Caecubum
cellis avitis, dum Capitolio
regina dementis ruinas
funus et imperio parabat

contaminato cum grege turpium
morbo virorum, quidlibet inpotens
sperare fortunaque dulci
ebria. sed minuit furorem

vix una sospes navis ab ignibus
mentemque lymphatam Mareotico
redegit in veros timores
Caesar ab Italia volantem

remis adurgens, accipiter velut
mollis columbas aut leporem citus
venator in campis nivalis
Haemoniae, daret ut catenis

fatale monstrum; quae generosius
perire quaerens nec muliebriter
expavit ensem nec latentis
classe cita reparavit oras,

ODE I 37

Heut laßt uns trinken, heute mit freiem Fuß
tanzend stampfen die Erde, jetzt war es Zeit,
Götterbilder auf Kissen mit saliarischen Speisen
festlich zu schmücken, meine Gefährten.

Bislang verbot sich's, Caecuber-Wein aus den Kellern
der Väter zu holen, da noch die Königin dem Kapitol
sinnlos Zerstörung, dem Reiche
ein Grab zu bereiten gedachte

mit der verdorbenen Bande von Krankheit geschändeter
Männer,
zügellos alles und jedes erhoffend,
trunken vom Rausche des süßen Glücks.
Doch brach's den Taumel,

daß von den Schiffen kaum eines den Flammen entrann;
den Wahnrausch des Mareotiker-trunknen Verstandes
kehrte ihr Caesar dann um in ein wirkliches Grausen,
als er sie, die Italien eilend entfloh,

mit Rudern bedrängte, dem Falken hinter
sanftfiedrigen Tauben, dem hurtigen Jäger gleich,
der auf Haemoniens Schneefeld den Hasen verfolgt,
daß er in Ketten sie schlage

die Unheil-Unholdin; die aber, edleres Ende erstrebend,
weder als Weib vor dem Kriegsschwert erbebte
noch mit der eiligen Flotte sich neue,
verborgne Gestade gewann,

ausa et iacentem visere regiam
voltu sereno, fortis et asperas
    tractare serpentes, ut atrum
        corpore conbiberet venenum,

deliberata morte ferocior,
saevis Liburnis scilicet invidens
    privata deduci superbo
        non humilis mulier triumpho.

die vielmehr wagte, mit heitrem Gesichte der Könige Stadt
geschlagen am Boden zu sehen, tapfer die rauhhäutgen
Schlangen zu fassen, daß mit dem Körper sie trinke
das schwarze Gift,

im Tode aus freiem Rat und Entschluß wildstolzer denn je,
da sie gewiß den grimmigen Liburner Schiffen nicht gönnte,
zum stolzen Triumphe hinwegzuführn die ihrer Würden
 beraubte,
doch keineswegs demütig-niedrige Frau.

CARMEN I 38

Persicos odi, puer, adparatus,
displicent nexae philyra coronae,
mitte sectari, rosa quo locorum
sera moretur.

simplici myrto nihil adlabores
sedulus curo: neque te ministrum
dedecet myrtus neque me sub arta
vite bibentem.

ODE I 38

Perser-Schmuck, Knabe, mir ist er zuwider.
Mißfallen find ich an Kränzen aus Bast.
Suche nicht weiter, wo immer die Rose
spät noch geblieben.

Einfache Myrte. Was eifrig du zuflichtst,
nichts liegt mir daran. Myrte, dir, Mundschenk,
steht sie so schlecht nicht, auch mir nicht, der unter
Weinlaub ich trinke.

CARMEN II 3

Aequam memento rebus in arduis
servare mentem, non secus in bonis
        ab insolenti temperatam
            laetitia, moriture Delli,

seu maestus omni tempore vixeris
seu te in remoto gramine per dies
        festos reclinatum bearis
            interiore nota Falerni.

quo pinus ingens albaque populus
umbram hospitalem consociare amant
        ramis? quid obliquo laborat
            lympha fugax trepidare rivo?

huc vina et unguenta et nimium brevis
flores amoenae ferre iube rosae,
        dum res et aetas et sororum
            fila trium patiuntur atra.

cedes coemptis saltibus et domo
villaque flavus quam Tiberis lavit,
        cedes et exstructis in altum
            divitiis potietur heres.

divesne prisco natus ab Inacho
nil interest an pauper et infima
        de gente sub divo moreris,
            victima nil miserantis Orci.

Zweites Buch

ODE II 3

Gelassenen Geist in widrigen Dingen
denk zu bewahren, in guten nicht anders
bewahre vor unmäßger Freude ihn,
Dellius, sterblich bist du,

ob alle Zeit du traurig verbracht,
ob du im Grase fernab gelagert
an festlichen Tagen gütlich dich tust
an einem besseren Falerner-Wein.

Was lieben die mächtige Pinie, die silberne Pappel,
zu gastlichem Schatten die Zweige zu einen?
Was müht im gewundenen Bette
der Bach sich in flüchtiger Eile?

Dorthin laß bringen die Weine, die Öle,
die allzu kurz blühenden Blätter der lieblichen Rose,
solange das Schicksal, das Alter, die dunkelen Fäden
der Parzen-Schwestern, der drei, es gestatten.

Lassen mußt du die Triften, die du erkauft,
das Haus in der Stadt,
das Landhaus auch, das gelb der Tiber umspült,
lassen mußt du's, und den hoch sich türmenden Reichtum –
rafft sich dein Erbe.

Ob reich du geboren, als Sproß des alten Inachus,
ob arm, aus dem untersten Volk du

omnes eodem cogimur, omnium
versatur urna serius ocius
    sors exitura et nos in aeternum
      exilium inpositura cumbae.

so unterm Himmel gelebt, es ist gleich:
bist Opfer des Orkus ohne Erbarmen.

Wir alle werden gleichhin gezwungen, uns allen
dreht sich die Urne, ob später, ob früher
tritt unser Los hervor und weist uns ein,
ein in den Nachen zum ewgen Exil.

CARMEN II 6

Septimi, Gadis aditure mecum et
Cantabrum indoctum iuga ferre nostra et
barbaras Syrtis, ubi Maura semper
    aestuat unda:

Tibur Argeo positum colono
sit meae sedes utinam senectae,
sit modus lasso maris et viarum
    militiaeque;

unde si Parcae prohibent iniquae,
dulce pellitis ovibus Galaesi
flumen et regnata petam Laconi
    rura Phalantho.

ille terrarum mihi praeter omnis
angulus ridet, ubi non Hymetto
mella decedunt viridique certat
    baca Venafro,

ver ubi longum tepidasque praebet
Iuppiter brumas et amicus Aulon
fertili Baccho minimum Falernis
    invidet uvis;

ille te mecum locus et beatae
postulant arces: ibi tu calentem
debita sparges lacrima favillam
    vatis amici.

ODE II 6

Septimius, der du bereit wärst, mit mir nach Gades zu gehn,
hin zu dem Cantabrer, der unser Joch nicht zu tragen gelernt,
hin zu barbarischen Syrten, dort wo die Brandung des
Maurischen Meeres immerfort siedet:

Mir mög's vergönnt sein, daß Tibur, gegründet vom
Siedler aus Argos,
Ruhsitz mir sei in meinem Alter,
daß es dem Müden ein Ende sei von Meer und Wegen
und von den Kriegen.

Wenn aber von jenem Ort mich die Parzen ungerecht
fernhalten sollten,
strebte zum lieblichen Galaeserfluß ich
mit seinen Schafen im Deckenschutz, hin zu den Fluren, wo
Phalanthos herrschte aus Sparta.

Der Erdwinkel lockt mich vor allen Gefilden mit Lachen.
Dort stehn die Honige selbst dem Hymettos nicht nach,
und die Oliven bestehen den Wettstreit mit jenen
aus dem haingrünen Venafrum sogar,

wo lange Frühlingszeit, wo milde Tage im Winter
Jupiter gnädig schenkt, wo der Berg Aulon,
begünstigt vom fruchtbarkeitsspendenden Bacchus,
nichts dem Falerner-Wein neidet.

Der Ort, die glückverheißenden Höhen
verlangen nach dir mit mir.
Dort sollst du mit schuldiger Zähre benetzen
die glühende Asche des Sängers und Freundes.

CARMEN II 8

Ulla si iuris tibi perierati
poena, Barine, nocuisset umquam,
dente si nigro fieres vel uno
turpior ungui,

crederem: sed tu simul obligasti
perfidum votis caput, enitescis
pulchrior multo iuvenumque prodis
publica cura.

expedit matris cineres opertos
fallere et toto taciturna noctis
signa cum caelo gelidaque divos
morte carentis.

ridet hoc, inquam, Venus ipsa, rident
simplices Nymphae ferus et Cupido
semper ardentis acuens sagittas
cote cruenta.

adde quod pubes tibi crescit omnis,
servitus crescit nova nec priores
inpiae tectum dominae relinquunt
saepe minati.

te suis matres metuunt iuvencis,
te senes parci miseraeque nuper
virgines nuptae, tua ne retardet
aura maritos.

ODE II 8

Hätte dich eine einzige Strafe für falsche Schwüre
jemals mit Schaden getroffen, Barine,
hätt sich ein Zahn nur dir schwarz, ein Nagel am Finger nur
häßlich verfärbt,

würd ich dir glauben: So aber scheinst du, eben noch hast du
beim treulosen Haupte viel Eide geschworen, strahlend
geschmückt
und viel schöner noch auf, und wenn du ausgehst,
bist du das Ziel alles Sehnens der Jugend.

Dir paßt es, bei der begrabenen Asche der Mutter schwörend
zu täuschen,
bei den verschwiegenen Sternen des ganzen nächtlichen Himmels
und bei den Göttern, die von der eisigen Starre des Todes
niemals berührt.

Das bringt, sag ich dir, selbst Venus zum Lächeln, es lachen
die harmlosen Nymphen, der ernst-wilde Cupido,
wie er die brennenden Pfeile in einem fort schärft
an dem blutigen Wetzstein;

nimm noch hinzu, daß alle Jugend dir nachwächst,
daß zuströmen neue Sklaven, während die alten
die Stelle bei der so unfrommen Herrin nicht räumen,
womit sie so oft schon gedroht;

dich fürchten um ihrer Jungstiere willen die Mütter,
die sparsamen Alten, es bangen die armen erst kürzlich
als Jungfraun Vermählten, daß deine Aura die Heimkehr
der Gatten verzögert.

CARMEN II 9

Non semper imbres nubibus hispidos
manant in agros aut mare Caspium
vexant inaequales procellae
usque nec Armeniis in oris,

amice Valgi, stat glacies iners
mensis per omnis aut Aquilonibus
querqueta Gargani laborant
et foliis viduantur orni:

tu semper urges flebilibus modis
Mysten ademptum nec tibi Vespero
surgente decedunt amores
nec rapidum fugiente solem.

at non ter aevo functus amabilem
ploravit omnis Antilochum senex
annos nec inpubem parentes
Troilon aut Phrygiae sorores

flevere semper. desine mollium
tandem querelarum et potius nova
cantemus Augusti tropaea
Caesaris et rigidum Niphaten

Medumque flumen gentibus additum
victis minores volvere vertices
intraque praescriptum Gelonos
exiguis equitare campis.

ODE II 9

Nicht immerzu strömen die Regen aus Wolken
endlos in die verwilderten Fluren, nicht schlagen in einem fort
wechselnde Böen ins Kaspische Meer,
nicht steht an Armeniens Küste,

Freund Valgius, starr jeden Monat des Jahres
hochauf das Eis oder seufzen im Nordwind
die Eichen von Garganos stets und werden die Eschen
der Blätter beraubt:

Du suchst ohn Unterlaß flehend mit klagenden Weisen
nach jenem Mystes, den du verlorst, und es lassen dich, wenn
der Abendstern kommt, Lieder, Gedanken der Liebe nicht los,
auch nicht dann, wenn er flieht
vor dem raschen, raffenden Auftritt der Sonne.

Hat denn der Greis, der über drei Alter regierte,
Jahr für Jahr Antilochos, den lieben, beklagt,
haben den kaum zum Manne gewordenen Troilos die Eltern
und seine phrygischen Schwestern

endlos beweint? Lasse doch endlich das trübsinnge Klagen,
singen wir besser und stärker von des Augustus, des Kaisers,
neulich errungnen Trophäen: Vom rauhen und harten
Niphates-Gebirge,

vom medischen Flusse, jetzt Teil der besiegten Regionen,
wie er in schwächeren Wirbeln sich dreht,
von den Gelonern, die nun in gezogenen Grenzen
auf engerem Felde die Pferde bewegen.

CARMEN II 10

Rectius vives, Licini, neque altum
semper urgendo neque, dum procellas
cautus horrescis, nimium premendo
litus iniquum.

auream quisquis mediocritatem
diligit, tutus caret obsoleti
sordibus tecti, caret invidenda
sobrius aula.

saepius ventis agitatur ingens
pinus et celsae graviore casu
decidunt turres feriuntque summos
fulgura montis.

sperat infestis, metuit secundis
alteram sortem bene praeparatum
pectus: informis hiemes reducit
Iuppiter, idem

submovet; non, si male nunc, et olim
sic erit: quondam cithara tacentem
suscitat Musam neque semper arcum
tendit Apollo.

rebus angustis animosus atque
fortis adpare, sapienter idem
contrahes vento nimium secundo
turgida vela.

ODE II 10

Richtiger fährst du im Leben, Licinius, wenn du nicht ständig
aufs hohe Meer hinaus sehnsüchtig strebst,
wenn du so wenig wie möglich aus Vorsicht, erschaudernd
vor Stürmen,
nah an das tückische Ufer dich drängst.

Wer nur die Mitte, die goldene, liebt, der ist sicher,
er meidet den Schmutz der verlassen-verfallenen Hütte,
er meidet ganz nüchtern-bewußt auch den Palast,
der doch nur Neid erregt.

Es schütteln die Winde stets grade die mächtige Pinie,
gerade hochragende Türme stürzen mit dumpfestem Fall,
es treffen die Blitze gerade
die Gipfel der Berge.

Es hofft in Gefahren, es fürchtet in günstigen Zeiten
den Wechsel des Schicksals die wohlgerüstete Brust,
schickt Jupiter uns die düsteren Winter nun wieder,
er ist es, der

sie wieder vertreibt; geht heute es schlecht, wird es dereinst
nicht mehr so sein: Es wecket die Leier einmal auch wieder
schlafende Musen,
und es spannt doch nicht ständig
Apollo den Bogen.

Zeig in Bedrängnis, in schwierigen Zeiten dich mutig
und stark.
Ebenso wirst du mit Umsicht die Segel,
die dann der nächste zu günstige Wind zum Bersten dir füllt,
raffen und bergen.

Quid bellicosus Cantaber et Scythes,
Hirpine Quincti, cogitet Hadria
divisus obiecto, remittas
quaerere nec trepides in usum

poscentis aevi pauca. fugit retro
levis iuventas et decor, arida
pellente lascivos amores
canitie facilemque somnum;

non semper idem floribus est honor
vernis neque uno luna rubens nitet
voltu: quid aeternis minorem
consiliis animum fatigas?

cur non sub alta vel platano vel hac
pinu iacentes sic temere et rosa
canos odorati capillos,
dum licet, Assyriaque nardo

potamus uncti? dissipat Euhius
curas edacis. quis puer ocius
restinguet ardentis Falerni
pocula praetereunte lympha?

quis devium scortum eliciet domo
Lyden? eburna, dic age, cum lyra
maturet incomptam Lacaenae
more comam religata nodo.

ODE II 11

Was wilde Cantabrer und was die Skythen,
Hirpinius Quinctius, adria-weit von uns getrennt,
wieder im Schilde führn, laß ab zu fragen, zittre nicht ständig
nach jenem Wenigen,

wonach das Leben verlangt. Hinter dem Rücken
flieht uns das zarte Gesicht, die Anmut der Jugend,
wenn uns das Grauhaar das freisinnlich Lieben und Träumen
vertreibt
und leichten Schlaf.

Es bleibt nicht, es hält nicht die Zierde der Blumen im Frühling,
der Mond scheint nicht stets mit dem gleichen roten Gesicht,
was plagst Du den hierfür zu schwachen Verstand
mit ewigen Plänen?

Was ruhn wir nicht einfach unter der hohen Platane oder
auch hier,
grad so, wie wir sind, unter der Pinie,
und trinken, duftend von Rosen die Weißhaare,
da wir's noch können, mit Öl aus Assyrien

haupthaargesalbt? Bacchus zerstreut uns
die nagenden Sorgen. Wer von euch Knaben ist schneller,
die Becher
von feurigem Falerner-Wein zu verdünnen,
aus dem Bach, der vorbeifließt?

Wer lockt uns das heimliche Freimädchen Lydia aus
ihrem Hause?
Mach rasch und sag ihr, sie eile mit ihrer Elfenbeinlyra herbei,
die Haare in Spartaner Art nur zurückgekämmt
zu einem Knoten.

Nolis longa ferae bella Numantiae
nec durum Hannibalem nec Siculum mare
Poeno purpureum sanguine mollibus
  aptari citharae modis

nec saevos Lapithas et nimium mero
Hylaeum domitosque Herculea manu
Telluris iuvenes, unde periculum
  fulgens contremuit domus

Saturni veteris; tuque pedestribus
dices historiis proelia Caesaris,
Maecenas, melius ductaque per vias
  regum colla minacium.

me dulcis dominae Musa Licymniae
cantus, me voluit dicere lucidum
fulgentis oculos et bene mutuis
  fidum pectus amoribus,

quam nec ferre pedem dedecuit choris
nec certare ioco nec dare bracchia
ludentem nitidis virginibus sacro
  Dianae celebris die.

num tu quae tenuit dives Achaemenes
aut pinguis Phrygiae Mygdonias opes
permutare velis crine Licymniae
  plenas aut Arabum domos,

Du willst doch nicht, daß man die endlosen Kriege ums
wilde Numantia,
daß man den harten Hannibal, das Meer um Sizilien,
purpurrot von phönizischem Blut, dichte zum Lied
für die weich-warmen Klänge der Leier

oder die rohen Lapithen, den maßlos betrunkenen Hyläus,
die von des Herkules Hand gebändigten Söhne des Tellur,
von deren Gefahr der gleißende Wohnsitz des alten Saturnus
bis in den Grund hin erbebte;

und von den Schlachten des Kaisers
berichtest in Prosa-Geschichten du, Maecenas, besser
und davon, wie durch die Straßen am Nacken geführt
Könige herziehn, die uns bedroht.

Mir hat die Muse geboten, besinge der Herrin Licymnia
süßen Gesang, besinge erleuchtet
hell-blitzende Augen, das treu-feste Herz,
wenn Liebe sich wechselnd erwidert;

ihr stand es gar gut, den Fuß im Reigen zu setzen,
zum Scherze zu streiten, im Spiele die Arme zu kreuzen
mit Mädchen, geschmückt am heiligen Tage,
am Feste Dianas.

Ja, würdest du für des reichen Achaemenes Schätze,
für reiche Ernten der Mygdoner im fruchtbaren Phrygien
auch nur eine Locke Licymnias hergeben wollen,
für Schlösser Arabiens mit ihrer Fülle,

cum flagrantia detorquet ad oscula
cervicem aut facili saevitia negat
quae poscente magis gaudeat eripi,
interdum rapere occupet?

wenn sie sich wendend den Nacken den brennenden Küssen
darbietet
oder im leicht-wilden Spiele verweigert,
Küsse, die heißer sie wünscht und, ihr entrissen, genießt,
die sie mitunter auch selbst zu entreißen sich müht?

Ille et nefasto te posuit die,
quicumque primum, et sacrilega manu
    produxit, arbos, in nepotum
        perniciem opprobriumque pagi;

illum et parentis crediderim sui
fregisse cervicem et penetralia
    sparsisse nocturno cruore
        hospitis; ille venena Colcha

et quidquid usquam concipitur nefas
tractavit, agro qui statuit meo
    te, triste lignum, te caducum
        in domini caput inmerentis.

quid quisque vitet, numquam homini satis
cautum est in horas: navita Bosphorum
    Poenus perhorrescit neque ultra
        caeca timet aliunde fata,

miles sagittas et celerem fugam
Parthi, catenas Parthus et Italum
    robur: sed inprovisa leti
        vis rapuit rapietque gentis.

quam paene furvae regna Proserpinae
et iudicantem vidimus Aeacum
    sedesque discretas piorum et
        Aeoliis fidibus querentem

ODE II 13

Wer immer dich pflanzte, er tat's am Unglückstag,
und eine Frevelhand hat dich gepflegt und gezogen,
Baum, zum Verderben der Nachkommenschaft
und zur Schande des Weilers;

der hat, ich glaub's fast, dem Vater den Nacken gebrochen,
hat in der Nacht den Ort der Penaten
mit Blut seines Gastes bespritzt und besudelt;
der hat bestimmt sich die Gifte von Hexen

und manchen Unheilssaft – weh, wer ihn trank –
zusammengebraut,
der auf meinem Acker dich Unglücksholz,
dich Fallbaum für's unschuldge Haupt
deines Herren gesetzt.

Was er auch meidet, niemals genug sieht der Mensch sich vor
Stunde um Stunde:
Den Bosporus fürchtet mit Schrecken der punische Seemann
und denkt doch nicht weiter mit Angst an ein blindes
Geschick
von anderswo her,

der Fußsoldat fürchtet die Pfeile, das blitzschnelle Fliehen
der Parther,
der Parther die Ketten, Italiens Kraft,
doch ganze Völker schon hat rasch und unversehns die Macht
des Todes
hinweggerafft und rafft sie weiter dahin.

Sappho puellis de popularibus,
et te sonantem plenius aureo,
Alcaee, plectro dura navis,
dura fugae mala, dura belli.

utrumque sacro digna silentio
mirantur umbrae dicere, sed magis
pugnas et exactos tyrannos
densum umeris bibit aure volgus.

quid mirum, ubi illis carminibus stupens
demittit atras belua centiceps
auris et intorti capillis
Eumenidum recreantur angues?

quin et Prometheus et Pelopis parens
dulci laborem decipitur sono
nec curat Orion leones
aut timidos agitare lyncas.

So hab auch ich fast der dunklen Proserpina Königreich,
den Richterspruch-sprechenden Aeakus gesehn,
die vorherbestimmten Sitze der Frommen,
die mit Äoliens Weisen nach ihren Mädchen

vom gleichen Volk sehnsüchtig suchende Sappho
und dich, Alkaeus, mit vollerem Klang zur goldenen Leier,
wie von den harten Gefahren des Schiffes, den harten Übeln
der Flucht,
den harten Beschwerden des Krieges du singst.

Die Lieder der beiden sind würdig heiligen Schweigens,
bewundern die Schatten der Geister; gieriger aber
schlürft mit den Ohren die Lieder von Kämpfen, von der
Tyrannen Vertreibung
die Menge Schulter an Schulter gedrängt.

Was Wunder, daß dort verblüfft-gebannt von jenen Klängen
hundertköpfig das Tier die schwarzen Ohren sanft absenkt,
daß die in den Haaren der Furien geflochtenen Schlangen
zur Ruhe sich legen,

ja, daß Prometheus und auch der Vater des Pelops,
von süßem Klange erfaßt, ob ihres Leides vergessen,
daß dem Orion der Löwe, die Jagd nach den
scheu sich verbergenden Luchsen gleichgültig wird.

CARMEN II 14

Eheu fugaces, Postume, Postume,
labuntur anni nec pietas moram
rugis et instanti senectae
adferet indomitaeque morti,

non si trecenis quotquot eunt dies,
amice, places inlacrimabilem
Plutona tauris, qui ter amplum
Geryonen Tityonque tristi

conpescit unda, scilicet omnibus,
quicumque terrae munere vescimur,
enaviganda, sive reges
sive inopes erimus coloni.

frustra cruento Marte carebimus
fractisque rauci fluctibus Hadriae,
frustra per autumnos nocentem
corporibus metuemus Austrum:

visendus ater flumine languido
Cocytos errans et Danai genus
infame damnatusque longi
Sisyphus Aeolides laboris;

linquenda tellus et domus et placens
uxor, neque harum quas colis arborum
te praeter invisas cupressos
ulla brevem dominum sequetur.

ODE II 14

Ach, sie sind flüchtig, Postumus, Postumus,
gleitend entfliehen die Jahre, und auch ein tieffrommes Leben
gebietet nicht Einhalt den Runzeln, dem drängend heran sich
stauenden Alter,
dem unzähmbar nicht zu befriedenden Tod,

ja sogar wenn, Freund, an jedem Tag, der vorbeieilt,
dreihundert Stiere du Pluto zum Opfer bringst:
Tränenlos bleibt er, der den dreiriesigen Geryon
und Tityos mit stilltraurig fließenden

Wassern umgrenzt, Wassern, die wir doch alle,
die von den Gütern der Erde wir leben,
einsthin befahren solln, seien wir Könige,
seien wir arme Bauern vom Lande.

Nutzlos, wenn wir den Mars, den blutigen, meiden,
Brecher und Fluten der rauh-heiseren Adria,
nutzlos, wenn wir im Herbst dem schädlichen Auster
angstvoll die Körper entziehen und fliehn.

Sehen müssen wir einst den schwarzen Cocytus,
wie er in langsamem Flusse träge dahinirrt,
sehen des Danaos ruchlose Sippschaft und den zu langen
Mühen und Qualen verurteilten Sohn des Aiolos, Sisyphus.

Lassen müssen wir einst das Land und das Haus, die
duldsam-gefällige Gattin,
und von den Bäumen da, die du so pflegst,
wird seinen Setzer nach kurzer Herrschaft außer verhaßten
Cypressen
nicht einer begleiten.

absumet heres Caecuba dignior
servata centum clavibus et mero
    tinguet pavimentum superbo,
        pontificum potiore cenis.

Dann schlürft ein klügerer Erbe den Caecuberwein,
der jetzt so sicher mit hundert Schlüsseln verwahrt,
und mit dem unverdünnt köstlichen Weine tropft er den
steinernen Boden,
mit Wein, der kräftiger ist als der bei dem Mahle der Priester.

CARMEN II 15

Iam pauca aratro iugera regiae
moles relinquent, undique latius
extenta visentur Lucrino
stagna lacu platanusque caelebs

evincet ulmos; tum violaria et
myrtus et omnis copia narium
spargent olivetis odorem
fertilibus domino priori,

tum spissa ramis laurea fervidos
excludet ictus. Non ita Romuli
praescriptum et intonsi Catonis
auspiciis veterumque norma.

privatus illis census erat brevis,
commune magnum; nulla decempedis
metata privatis opacam
porticus excipiebat Arcton

nec fortuitum spernere caespitem
leges sinebant, oppida publico
sumptu iubentes et deorum
templa novo decorare saxo.

ODE II 15

Wenige Morgen nur lassen dem Ackerbaurn heute die
Mammutpaläste
Mächtiger über, überall werden wir künstliche Teiche mit
stehendem Wasser,
größer noch als der lukrinische See ausgedehnt, sehen,
Platanen dazu hagestolz-rebenlos,

die uns die Ulmen verdrängen; bald breiten die
Veilchenrabatten,
die Myrtengebüsche und alle Sorten Gerüche
über Olivenhaine sich aus,
die einst fruchtbar gewesen dem früheren Herrn;

dann schließt der Lorbeerbaum dichtzweigig aus die
kräftigen
Strahlen der Sonne. So lauteten nicht das weitblickend-
machtvoll geschaffne Gesetz,
das Romulus gab oder der bärtige Cato,
die Regeln der Alten:

Kurz war ihnen die Liste privater Interessen,
lang die des Gemeinwohls; keine mit Zehnfuß-Meßlatten
im Auftrag Privater vermessene Säulen-Vorhalle
fing da den Schatten, das Nordlicht kühl ein,

und die Gesetze ließen nicht zu, wildwachsenden Rasen
als Dach zu verschmähn, doch sie geboten,
die Städte auf Kosten des Ganzen, die Tempel der Götter
mit neuen Steinen zu schmücken.

Otium divos rogat in patenti
prensus Aegaeo, simul atra nubes
condidit lunam neque certa fulgent
sidera nautis,

otium bello furiosa Thrace,
otium Medi pharetra decori,
Grosphe, non gemmis nec purpura ve-
nale nec auro.

non enim gazae neque consularis
submovet lictor miseros tumultus
mentis et curas laqueata circum
tecta volantis.

vivitur parvo bene, cui paternum
splendet in mensa tenui salinum
nec levis somnos timor aut cupido
sordidus aufert.

quid brevi fortes iaculamur aevo
multa? quid terras alio calentis
sole mutamus? patriae quis exsul
se quoque fugit?

scandit aeratas vitiosa navis
Cura nec turmas equitum relinquit,
ocior cervis et agente nimbos
ocior Euro.

Ruhe erfleht von den Göttern, wer auf der offnen Ägäis
erfaßt wird,
wenn nur ein schwarzes Gewölk just den Mond ihm
verborgen
und auch die Sterne nur undeutlich-ungewiß
leuchten den Schiffern.

Ruhe erfleht sich das kriegswilde Thrakien,
Ruhe die Meder im Schmuck ihrer Köcher,
Grosphus, sie ist nur nicht käuflich für Perlen,
Purpur und Gold.

Denn nicht der Staatsschatz der Perser, kein Liktor
der Konsuln
bringen die Elendstumulte des Geistes zum Schweigen,
und auch die Sorge nicht, die um getäfelte Decken
um- und umherschwirrt.

Gut lebt im kleinen der, dem nur auf schlichtem Tisch
silbern das Salzfaß glänzt, das ihm der Vater ließ,
dem hebt den leichten Schlaf weder ein Angsttraum auf noch
die verdorbene
Gier nach Besitz.

Was jagen wir, die wir stark nur für kurze Zeit, denn nach
so vielem,
wechseln in Länder, die glühen von anderen Sonnen?
Wer, der sein Vaterland in das Exil verließ,
ließ auch sich selbst?

laetus in praesens animus quod ultra est
oderit curare et amara lento
temperet risu: nihil est ab omni
parte beatum.

abstulit clarum cita mors Achillem,
longa Tithonum minuit senectus:
et mihi forsan, tibi quod negarit,
porriget hora.

te greges centum Siculaeque circum
mugiunt vaccae, tibi tollit hinnitum
apta quadrigis equa, te bis Afro
murice tinctae

vestiunt lanae: mihi parva rura et
spiritum Graiae tenuem Camenae
Parca non mendax dedit et malignum
spernere volgus.

Ehern gepanzerte Schiffe selbst entert verderbende Sorge,
läßt auch von Reiterschwadronen nicht ab,
schneller als Hirsche und rascher als Eurus-Wind,
der Wolkenjäger.

Glücklich in Gegenwart meide der Geist, sich um Künftges
zu sorgen,
mildre das Bittre gelassenen Lächelns:
Nichts gibt's, was wirklich in all seinen Teilen
glücklich-vollkommen.

Schnell hat der Tod den berühmten Achilleus entrissen,
lang hat dagegen das Alter Tithonus vermindert:
Mir wird die Zeit vielleicht einmal gewähren,
was sie dir wehrt.

Du wirst umbrüllt von hundert Herden, sizilischen Rindern,
dir hebt die Stute Quadriga-geeignet ihr Wiehern an,
dich kleidet Wolltuch, zweimal gefärbt vom Purpur der
Afrika-Schnecke,

mir hat die Parze ein kleines Landgut geschenkt,
den zartklaren Geist der Quellnymphe Griechenlands,
mich nicht betrogen, dazu die Gabe, böswillig-neidischem
Volk zu entgehn.

Cur me querelis exanimas tuis?
nec dis amicum est nec mihi te prius
obire, Maecenas, mearum
grande decus columenque rerum.

a, te meae si partem animae rapit
maturior vis, quid moror altera,
nec carus aeque nec superstes
integer? ille dies utramque

ducet ruinam. non ego perfidum
dixi sacramentum: ibimus, ibimus,
utcumque praecedes, supremum
carpere iter comites parati.

me nec Chimaerae spiritus igneae
nec si resurgat centimanus Gyges
divellet umquam: sic potenti
Iustitiae placitumque Parcis.

seu Libra seu me Scorpios adspicit
formidolosus, pars violentior
natalis horae, seu tyrannus
Hesperiae Capricornus undae,

utrumque nostrum incredibili modo
consentit astrum: te Iovis inpio
tutela Saturno refulgens
eripuit volucrisque Fati

ODE II 17

Warum verschlägst du mir mit deinen Klagen Atem
und Seele?
Weder den Göttern wär's recht, noch wäre es mir, wenn du
als erster
solltst scheiden, Maecenas, der mir für das, was ich bin
und hab,
großprächtgen Glanz verleiht und wie ein Dachfirst Halt.

Ach, wenn doch früher Gewalt mir entreißt
dich, meiner Seele Teil, was bleibe ich dann, ich anderer Teil,
niemandem gleichermaß lieb, zwar überlebend, doch nicht
mehr unversehrt.
Der Tag führt' beider Ruin uns herbei.

Hab keinen falschen Treueid geleistet:
Gehn werden wir, gehen wir beide,
wenn Du je vorgehst, die letzte der Reisen
treten wir an als bereite Gefährten.

Mich wird der Atem der Feuer-Chimäre,
mich wird auch Gyges mit hundert Händen nicht,
wenn er sich höbe, dann von dir trennen: So ist's der
mächtigen Göttin des Rechts,
so ist's der Parzen bindendes Wort.

Ob mir die Waage, ob mir der tückische Skorpion
von der Geburtsstunde her mächtger das Schicksal bestimmt,
ob es der Steinbock ist, jener Tyrann
über'm westlichen Meer,

tardavit alas, cum populus frequens
laetum theatris ter crepuit sonum:
        me truncus inlapsus cerebro
            sustulerat, nisi Faunus ictum

dextra levasset, Mercurialium
custos virorum. reddere victimas
        aedemque votivam memento:
            nos humilem feriemus agnam.

jedem von uns fügt sein Sternbild dem andern sich
unglaublich wirksamerweise zusammen: dich hat des Jupiter
glänzender Schutz dem bösen Saturnus blitzend entrissen,
hat dir die schwirren Flügel des Schicksals

verlangsamt, als dir das zahlreich versammelte Volk
in den Theatern dreifachen Beifall fröhlich gespendet:
Mir hätt im Niedersturze ein Baum den Verstand
ausgeblasen,
wenn nicht ein Faun mir den Hieb

abfing mit rechter Hand, schützender Hirte
merkurischer Männer. Denk du an Opfer von Herden,
den Tempelbau, den du gelobt,
ich bringe bescheiden ein Lamm dar.

Bacchum in remotis carmina rupibus
vidi docentem, credite posteri,
Nymphasque discentis et auris
capripedum Satyrorum acutas.

euhoe, recenti mens trepidat metu
plenoque Bacchi pectore turbidum
laetatur, euhoe, parce Liber,
parce gravi metuende thyrso.

fas pervicacis est mihi Thyiadas
vinique fontem lactis et uberes
cantare rivos atque truncis
lapsa cavis iterare mella;

fas et beatae coniugis additum
stellis honorem tectaque Penthei
disiecta non leni ruina
Thracis et exitium Lycurgi.

tu flectis amnis, tu mare barbarum,
tu separatis uvidus in iugis
nodo coerces viperino
Bistonidum sine fraude crinis;

tu, cum parentis regna per arduum
cohors Gigantum scanderet inpia,
Rhoetum retorsisti leonis
unguibus horribilique mala;

Bacchus hab auf entlegenen Felsen ich,
glaubt mir's, ihr Späteren, Lieder lehren gesehn,
lernende Nymphen auch und die gespitzten
Ohren von bockfüßgen Satyrn.

Himmel, mir bebt noch der Sinn von dem eben Erlebten,
voll von Bacchus die Brust fühle ich taumelnde Freude,
Himmel, geh schonend um, Liber,
schonend um, Furchtbarer, mit deinem wirkmächtgen
Weinstab.

Singen muß ich seitdem von wild nie ermüdenden Thyaden,
davon, wie Wein aus den Quellen fließt, Bäche von Milch
überströmen,
wieder und wieder besingen den Honig,
wie er aus Höhlen von Baumstämmen träuft,

muß auch besingen den Kronschmuck der seligen Gattin,
wie er in Sterne gefügt, des Pentheus Palast,
wie er vom unsanften Stoße zerbarst,
das Ende des Thrakers Lycurgus.

Du lenkst die Ströme um, du das barbarische Meer,
du zwingst weintrunken zwischen getrennten Gebirgen
die Haare der Bistoniden zum Schlangenknoten zusammen
ganz ohne Harm.

Du hast, als jene frevelnde Horde von Riesen
zum Reich deines Vaters steilaufwärts hochgestapft,
Rhoetus vertrieben mit Klauen und Rachen
des schrecklichen Löwen.

quamquam choreis aptior et iocis
ludoque dictus non sat idoneus
pugnae ferebaris; sed idem
pacis eras mediusque belli.

te vidit insons Cerberus aureo
cornu decorum leniter atterens
caudam et recedentis trilingui
ore pedes tetigitque crura.

Wie konnt man für Chorreigen, Scherze und Spiel dich
als eher geeignet bezeichnen, als nicht tüchtig genug
für Schlachten, hast doch im Frieden du
so dich bewährt wie mitten im Kriege!

Dich hat ganz zahm im Schmuck deines goldenen Horns
Cerberus angeblickt, sanft seinen Schweif an dir gerieben
und dir beim Abschied mit seinem dreizüng'gen Maule
Füße und Beine leise berührt.

CARMEN II 20

Non usitata nec tenui ferar
pinna biformis per liquidum aethera
vates neque in terris morabor
longius invidiaque maior

urbis relinquam. non ego, pauperum
sanguis parentum, non ego, quem vocas,
dilecte Maecenas, obibo
nec Stygia cohibebor unda.

iam iam residunt cruribus asperae
pelles et album mutor in alitem
superne nascunturque leves
per digitos umerosque plumae.

iam Daedaleo notior Icaro
visam gementis litora Bosphori
Syrtisque Gaetulas canorus
ales Hyperboreosque campos;

me Colchus et qui dissimulat metum
Marsae cohortis Dacus et ultimi
noscent Geloni, me peritus
discet Hiber Rhodanique potor.

absint inani funere neniae
luctusque turpes et querimoniae;
conpesce clamorem ac sepulcri
mitte supervacuos honores.

Nicht von gewöhnlichen, schwächlichen Federn
werde ich, doppelgestaltiger Dichter,
hoch in den reinflüssgen Äther getragen,
länger nicht weil' ich auf Erden, dem Neid überlegen

lass' ich die Städte zurück. Ich werd nicht untergehn,
ärmlicher Eltern Geblüt, nicht ich, den du rufst,
geliebter Maecenas, mich werden nicht halten
die Wasser des Styx.

Schon, schau nur, schon wachsen mir Rauhhäute an
meinen Beinen,
und oben, da werd ich zum Schwanvogel weiß,
es wächst über Finger und Schultern mir
leichtes Gefieder.

Schon werd ich, berühmter als Daedalus' Ikarus,
des Bosporus seufzende Ufer besuchen
als singender Vogel, die Syrten der Gaetuler,
hyperboreische Felder.

Mich wird der Kolcher, der Daker dann kennen,
der seine Furcht vor den Marserkohorten verbirgt,
die Geloner hinten, es lernt dann von mir
der kundige Spanier, der Rhonewassertrinker.

An meinem leeren Grab bloß kein Lamento,
stillose Trauer nicht, Vielklagerei,
verbiete den Lärm du und schone mein Grabmal
vor eitlen Ehren.

KOMMENTAR

Ein Gedicht, mit dem der Dichter sich vorstellt, sich, seine Lebensform und seine Dichtkunst, die erste Ode, seinem Gönner Maecenas geweiht. Der Dichter grenzt seine Art, zu leben und künstlerisch tätig zu sein, von acht Bildern ab. In dieser Verneinung liegt, wie der Dichter damit ausdrückt, ein Wesenselement seiner Dichtung. Der Rückzug in den kühlschattigen Hain (gelidum nemus) ist nicht nur erforderlich, um Ruhe zu finden. Er ist vielmehr Bestandteil einer Verdichtung, die in einer kunstvollen Verneinung und Bejahung besteht. Das Verneinte wird nicht ausgegrenzt, sondern so auf Distanz gehalten, daß es mit dichterischem Eros betrachtet und dargestellt werden kann. Dies ist in der Ode daran erkennbar, daß die acht Bilder anderen Lebens vom Dichter nicht abgelehnt werden, sondern allenfalls Gegenstand leiser Ironie sind. Für den Dichter ist das Abgelehnte das Woraus und der Bezugspunkt seiner Kunst, unersetzlicher Bestandteil der Dichtkunst, ebenso wichtig für ihn wie die positiven Gefühle (Ruhe, Gelassenheit, Offenheit für die Eingebung), die ohne das Verneinte leer und nutzlos wären.

Horaz führt uns seine Dichtkunst also als Verdichtung vor, als Vorgang der Reduktion. Die letzte Ode des ersten Buchs bestätigt diese Selbstaussage, wobei die Verneinung dort noch schärfer ausgefallen ist. Je schutzbedürftiger die Aussage des Dichters über seine eigene Befindlichkeit ist, desto stärker müssen die Gegenstände seiner Anschauung »verdichtet« werden. In der Eingangsode stellt sich der Dichter nur als von den acht Lebensbildern Getrennter, Zurückgezogener dar und verweist auf den Schutz durch Maecenas. Hier genügt eine geringere Reduktion. Die Vielzahl der Bilder, ihre farbenprächtige Ausschmückung zeigen es.

Es ist ein vorsichtiges Gedicht, ein behutsamer Beginn, wenn man die Selbstaussage betrachtet, vorsichtig auch das

Urteil über die Menschen jenseits der Abgrenzung, die den Dichter im kühlen Hain abschirmt, um sein Dichten zu ermöglichen. Rein und uneingeschränkt lediglich das Dankeslob an Maecenas, wenn es auch nur in den zwei ersten Zeilen der 36-zeiligen Ode aufleuchtet: Die Anrufung der von jenem in Anspruch genommenen Abstammung von den etruskischen Königen (atavis edite regibus), des mächtigen Schutzes (praesidium), den er dem Dichter gewährt, und seiner Gunst, die ihm süße (dulce; im Sinne des englischen »dear«, das »liebe« der deutschen Sprache geht schon zu weit) Ehre und Zier ist. Die in den beiden letzten Zeilen beschriebene Wirkung des Gönners auf den Dichter ist dagegen ironisch und damit schützend übersteigert: Das sachkundige Urteil (quodsi inseres) des Maecenas ist dem Dichter besonders wichtig.

Vergleicht dieser ihn mit den alten griechischen Sängern (lyricis vatibus), so kann er den Kopf hochtragen, so daß sein sublimer Scheitel (sublimi vertice) die Sterne berührt, auf daß diese ihn, den Efeukranz-Geschmückten, mit ihrem Schimmer zum zweiten Mal bekränzen. Hier, am Ende der Ode, spricht der Dichter aber, wenn auch Ironie-geschützt, aus, wonach er strebt, sich sehnt: Fortsetzung der griechischen Dichtkunst mit den Mitteln der römischen Sprache, Anerkennung dieser neu-alten Kunst durch das verständige Rom, verkörpert in seinem Schützer und Freund Maecenas.

Mildernde Ironie und schützende Selbstironie überziehen (abgesehen von der Maecenas-Anrufung und der Aussage, daß die Abschirmung vom Volk und die Hilfe der Götter für seine Dichtkunst notwendig sind) das gesamte Gedicht. Horaz vergleicht sein Streben, durch den Dichter-Efeukranz Zugang zu den Göttern (und ihren Liedern) zu finden (dis miscent), mit dem feurig (fervidis rotis), aber zugleich spöttisch geschilderten Streben der Wagenlenker, durch den Sieg in der Arena bis zu »göttlichen Ehren« hochzufahren (evehit ad deos); ein klarer, die eigene Kunst hiervon absetzender Gegensatz kommt nicht zustande. Es ist auch nur der untere Bereich der hohen Götter (dis superis), unter denen der bekränzte Dichter sitzt und schreibt, die Musen (Euterpe, Polyhymnia), Helfer sind ihm Nymphen und Satyrn, die um ihn den Tanz des Dionysos (den Thiasos) tanzen sollen. Dionysos erscheint damit nur durch diese vertreten, im Hintergrund.

Das Volk (populo), von dem der kühle Hain ihn trennt, wird auch noch nicht mit Verachtung (volgus, Ode III 1) gestraft. Die Berufs- und Lebensbilder, die eingekapselt zwischen den auf den Dichter und seinen Gönner bezogenen Aussagen gemalt werden, sind mit ihren Vor- und Nachteilen, ihrem Lohn und ihren einschränkenden Bedingungen beschrieben. Die Kritik des Dichters erkennt hier nicht Frevel, sondern menschliche Vorlieben, allenfalls Schwächen, er zürnt nicht, er greift zum feineren Mittel der Ironie. Der Umfang dieses Kaleidoskops verstärkt die Verdichtungskraft, die von ihm auf die kurzen Aussagen des Dichters über seine Kunst und über sich ausgeht. Der feingebrochene Klang in diesen Bildern mischt sich deshalb auch in die mit wenigen Strichen skizzierte Beschreibung der dichterischen Arbeit.

Diese Arbeit ist abhängig nicht nur von der Abschirmung des Dichters, die Maecenas mit dem Geschenk des Landguts im Sabinum gesichert hat, sondern auch davon, daß in der Stille des Hains die Musen der Tonkunst (Euterpe, Polyhymnia) ihm den Klang der Doppelflöten (tibias) nicht verweigern und für die zarte innere Spannung sorgen, die in der Stille, so wie beim Stimmen der Lyra (tendere barbiton), anwächst und das Dichtwerk entstehen läßt.

Es sind griechische Musen, griechisch ist auch die Lyra (barbiton), und auch die Dichterschar, in die Horaz strebt, wird von den schon vor vielen Jahrhunderten verstorbenen frühen griechischen Sängern (lyricis vatibus) aus der hohen Zeit der Dichter von Lesbos (Lesboum) gebildet. Der Dichter greift weit zurück in die Jahrhunderte, um an den einfachen, natürlich verdichteten Ursprung anzuknüpfen und zugleich seine eigene Freiheit vor fesselnden Vorbildern zu sichern. Sein Eingangslied läßt wie mit einem Strich des Fingers über die Lyra die Töne erklingen und uns die Bilder sehen, die im ersten Buch zu Liedern werden.

Der Aufbau des Gedichts und die vielfältigen Bezüge der Bilder untereinander stecken voller Raffinement. Nach der Anrufung des Maecenas folgt, scharf abgesetzt (dulce decus meum – pulverem Olympicum), ohne ein anderes inneres Bindeglied linear, die erstrebte öffentliche Anerkennung, das erste Dreierbild: Der hochfahrende Wagenlenker, der ehrgeizige, aber von der Gunst der Römer (Quiritium) abhängige Politiker (tergeminis honoribus kann nicht nur den dreifachen Beifall im Theater bedeuten, sondern auch die drei nacheinander möglichen öffentlichen Ämter: Ädil, Prätor, Konsul) und der reiche Besitzer von Latifundien in Libyen und von eigenen Scheuern in Rom, die »alles« (quidquid) fassen sollen. Darauf folgen drei miteinander durch Gegensätze verbundene Bilder, von denen jedes nachfolgende Bild das im vorhergehenden Verschmähte als Vorliebe aufnimmt: Scharf abgehoben vom reichen Großgrundbesitzer und Getreidehändler zunächst der Kleinbauer, der auch mit größten Versprechungen (Attalus: reicher König von Pergamon) zu keiner Seereise bewegt werden kann; dann der vom Südwind und den Wellen geängstigte seefahrende Kaufmann, der sich nach der ländlichen Ruhe sehnt, aber nach einer Wiederherstellung der Schiffe doch wieder auf das Meer zurückstrebt, weil er Armut nicht ertragen kann; schließlich der Genießer, der die Ruhe aus dem festen Ablauf des aktiven Tages (solido de die) als einen Teil herausbricht (partem demere), Massikerwein trinkt und sich im Schatten des Erdbeerbaums oder an der murmelnden Quelle ausstreckt.

Nach diesen beiden Bildergruppen der als solche angestrebten Ziele (Wagenlenker, Politiker, Getreidehändler) und der vorgezogenen und verschmähten Interessen (Ackerbauer, reisender Kaufmann, Genießer) erscheint dann eine dritte Gruppe lustvoll-leidenschaftlicher Vorlieben (Soldat, Jäger), der der Dichter (weil er entsagen muß) am nächsten steht (ausgedrückt sowohl in der Position innerhalb des Gedichts als auch durch den Umstand, daß er die dritte Person in der nur aus zwei Bildern bestehenden Gruppe wäre). Für diese Deutung spricht die scharfe Zäsur zwischen dem Bild des untätigen friedlichen Genießers und den Bildern des Soldaten beim Doppelklang von Signalhorn und Trompete und des Jägers auf winterlicher Jagd, beide abgewandt vom weiblichen Element: von den Müttern, denen die Kriege verhaßt sind (bellaque matribus detestata), und von der zärtlichen Gattin (tenerae coniugis).

Das »Me« setzt aber den Dichter auch von den Gestalten innerhalb der letzten Zweiergruppe (Soldat, Jäger) ab. Es erscheint im Efeukranz der alten Poeten (doctarum hederae praemia frontium) das Bild des Dichters, der wegen der Kraft seiner Stirn (nicht durch die Kraft der Rosse am Wagen) zu den Göttern gehoben wird (dis miscent superis; miscent nimmt permixtus auf: Der Dichter gelangt nur zum Ort der Götter, mischt sein Lied in göttliche Weisen, wird nicht selbst Gott) und der sich – anders als in einigen der beschriebenen Lebensbilder – vom Volk zur dichterischen Tätigkeit zurückzieht (secernunt populo), der sich aber auch – anders als der Genießer im Schatten, am Quell, der vom Wein betäubt ruht – im kühlen Hain vom Chortanz der Nymphen und Satyrn zu geistig-künstlerischer Tätigkeit anregen läßt, als zart Besaiteter gespannt werden muß wie eine Lyra (tendere barbiton), um dichten zu können. Der Dichter mißachtet nicht die ihn umwebenden Gestalten aus Pflanzen- und Geisterwelt (Nympharumque leves cum Satyris chori) und auch – anders als Soldat und Jäger – nicht die ihn begleitenden weiblichen Gestalten, er ist sogar auf ihre Hilfe, ihre Gunst angewiesen: Euterpe darf die Doppelflöten nicht fernhalten (cohibet), Polyhymnia sich nicht flüchtend (refugit) weigern, die lesbische Lyra, das Zeichen des dichterischen Eros, zu stimmen.

Den Zugang zu den Göttern findet der Dichter (mit deren Hilfe) durch seine Dichtkunst. Die Anerkennung unter den Menschen kann ihm nur der Kreis der Kundigen (nicht das Volk, populo) bieten, vor allem das bestätigende Urteil seines Gönners. Kommt zur Hilfe und Aufnahme durch die Götter (aus dem Bereich des Dionysos) auch noch die Anerkennung durch Maecenas, dann darf der Dichter nicht nur den Kopf hocherhoben tragen, er darf sich zu weiterer Dichtung ermutigt fühlen. So berührt er mit seinen hochschwebenden Gedanken (sublimi vertice) die Sterne. Diese zweite Aussage über die Bedingungen seines Dichtens funkelt aber schon wieder von ironischer Übertreibung. Die Ironie schützt sie. Es bleibt nämlich die Deutung möglich, der Dichter sei auf menschliche Anerkennung, auch auf die des Maecenas, überhaupt nicht angewiesen, es genüge ihm der göttliche Klang seiner Lieder.

I 3

Nach Maecenas (I 1) und Augustus (I 2; hier nicht übersetzt) ist Vergil für Horaz Mittelpunkt eines Liedes, der Dichter der Aeneis, der wie er die Form der griechischen Dichtkunst in die Klarheit der lateinischen Sprache übertrug. Es handelt sich um die Verbindung des griechischen Gedichtstyps eines Verabschiedungsliedes für den nach Griechenland abreisenden Vergil (propempticon) und einer aus dem Abschiedsschmerz geborenen Verfluchung der menschlichen Errungenschaften, die diese Reise ermöglichten.

Horaz ruft über den davonfahrenden Freund das Geleit, den Schutz (regat) nicht des Meeresgottes Nereus, sondern der Liebesgöttin Venus (diva potens Cypri; Zypern ist der Venus Sitz) und des Windmeisters Aeolus (ventorumque pater) an, der widrige Winde fesseln und den günstigen Iapyx (Westnordwest) schicken soll. Die Fahrt soll vom Doppelgestirn (lucida sidera) der Zeus-Zwillingssöhne Castor und Pollux (fratres Helenae) begleitet werden, deren Nennung die enge Verbindung zwischen Horaz und Vergil (animae dimidium meae) schon andeutet.

Dieses in nur zwei Strophen gemalte Bild schwimmt wie ein Schiff auf den folgenden acht Strophen, die über eine sorgenvolle Verwünschung der Erfinder der Seefahrt hinaus eine ironisch übertriebene Kritik an dem Vorwärtsstreben allgemein, an dem hartherzig tätigen, geheimnisentreißenden und die Blitze des Götterzorns herbeirufenden Menschengeschlecht (gens humana) enthalten.

Das Menschengeschlecht insgesamt wird einem Reisenden verglichen, dem ersten, der sich dem Schiff anvertraute, die Stürme nicht fürchtend, einem Reisenden, der sein Herz dreifach mit Eiche und Erz gepanzert hat, dessen Augen auch im Anblick der nassen Meerungeheuer und des brausenden Meeres trocken blieben, der den Schritt des nahenden Todes nicht fürchtete, der aber mit seiner kühnen Kraft zugleich Grenzen sprengte, die ein kluger Gott gezogen (deus prudens abscidit), weil jenseits dieser Grenzen Unwirtlichkeit, Menschenfeindlichkeit liegt (oceano dissociablili). Die kühne Tat wird damit zur unfrommen Untat, zur Berührung von Unberührbarem (non tangenda vada), zum Sprung (transiliunt) über die Grenze des akzeptierten Gesetzes, der Sitte, des Willens der Götter, die frei sein wollen, ob sie geben oder nehmen (arbiter; tollere seu ponere volt; ponere als Möglichkeit in der letzten Zeile). Die Kühnheit, die das Maß und die Ehrfurcht verliert und die Zeichen und Lehren der Geschichte des Volkes und seiner Götter mißachtet, wird zum Vorwärtsstürmen (ruit) in Verbotenes, in Unrecht (vetitum nefas), greift zu den Mitteln der Arglist (fraude mala), um das Feuer den Göttern zu entreißen, wo es seine himmlische Heimstatt (aetheria domo) hat (Japetus-Sproß: Prometheus). Das Unmaß führt zum Überfall von Seuchen und Krankheiten (macies et nova febrium) und verkürzt (und beschleunigt) die Schritte des fern scheinenden Todes (semotique prius tarda necessitas leti corripuit gradum).

In zwei gegensätzlichen Bildern faßt Horaz seine Kritik zusammen und nennt die Richtung des maßlosen menschlichen Strebens: Der selbstüberhebliche Flug des Daedalus mit den dem Menschen nicht gegebenen Schwingen (pinnis non homini datis) zielt in den Himmel (aufgenommen durch coelum ipsum petimus), die Großtat des Herkules durchbrach die Grenzen der Unterwelt (Acheronta). Beide Bereiche sind unzugänglich, den Himmel verteidigt Jupiter mit Zornesblitzen (iracunda fulmina), die Unterwelt ist verschlossen.

Den warmen Lichtschein auf dem Bild der Schiffsabfahrt, den innigsten Ausdruck der Seelenverbindung (serves animae dimidium meae), hebt der Dichter scharf abgegrenzt (illi robur et aes triplex), wie ein rembrandtsches Hell-Dunkel, vom schwarzen Wind- und Meeresgetümmel ab. Dieses Bild wiegt trotz seiner kleinen Gestalt (2 Strophen) das riesige unheilvolle Brausen (8 Strophen) auf, wie ein Boot, das, wenn die Götter ihm günstig sind, vom riesigen Meer (pelago, Hadriae, mare, oceano, vada) nicht verschlungen werden kann. Die mächtige göttliche Venus, die leuchtenden Sterne, der Vater der Winde, sie haben Vergil und Horaz gemeinsam zu den Grenzen der Kunst (finibus Atticis) geleitet, das Dichterschiff der Ode gibt sie uns, wenn wir bitten (precor), wohlbehalten (incolumem) zurück.

I 4

Am Übergang von den an die Inhaber von Macht und Ehren (Maecenas, Augustus, Vergil) gerichteten Gedichten I 1 – 3 zur breiteren Vielfalt der Lebens- und Naturgedichte (I 5 ff) steht die Frühlings- und Lebensode I 4, dem Sestius gewidmet. Sestius war im Jahre der Veröffentlichung der ersten drei Liederbücher (23) Konsul. Ein zierliches, leichtes Frühlingsgedicht, wie es scheint, klassischen Vorbildern folgend. Erst gegen Ende und nur kurz wird die heitere Szene vor die Folie des Todes gehalten, um die lebensfrohen Farben eines drängenden Aufbruchs in den Frühling so recht zum Leuchten zu bringen. Ein durch den Rhythmus (Sólvitur ácris hiéms gratá vice véris ét Favóni, trahúntque síccas máchináe carínas) tanzendes Lied, das aber im Übergang vom Tanz zum Schreiten die seinen Inhalt bestimmende Spannung zwischen Bewegung und Begrenzung anschaulich macht.

Der Frühling erscheint als Befreier, als Erlöser von lebensfremder Macht (solvitur, solutae). Er lockt das Vieh aus der Enge der Ställe (stabulis), den Pflüger hinter seinem Herd (igni) hervor auf die vom weißen Reif (canis pruinis) befreiten Fluren (prata). Er lockt, ohne zu zwingen. Er bekämpft auch den strengen Winter (acris hiems) nicht. Er löst ihn von seiner Strenge (Passivform: solvitur). Der Frühling zieht Mensch und Tier aus der Gefangenschaft der Starrheit in ihr Lebenselement zurück, so wie die Rollen und Winden (machinae) die trockenen Kiele (siccas carinas) der Schiffe zum Wasser, in ihr Lebenselement, ziehen, wo sich die Fugen wieder schließen und das Schiff seetüchtig machen können, und wie die Hilfswärme des Herdfeuers für den pflügenden Bauern (arator) vor der wahren Wärme des Frühlings bedeutungslos wird.

Die Wirkungsweise des Frühlings wird als Wechsel beschrieben, an dem auf seiten des Frühlings der warme Westwind (mit fruchtbarkeitsförderndem Regen) teilnimmt. So wird dem Winter der Reif von den Wiesen gezogen, das Leichentuch seiner Strenge. Der Wechsel vom Winter zum Frühling findet im wechselnden Tanzschritt (alterno terram quatiunt pede) der Grazien und Nymphen, im launischen Geschmack des Fauns an Schaf oder Bock seine Entsprechung in der Geisterwelt und dann im wechselnden Glück des Würfelspiels und in den wechselnden Liebhabern Lycids, während der Tod (wie der Winter) alle gleichermaßen trifft (aequo pulsat pede). Eine Jahreszeit, die tanzt, die sich nicht festlegt, sondern in der Schwebe ist, beeinflußt, aber nicht vernichtet von Winter und Sommer, kein Nichts zwischen den Gewalten, sondern ein siegreiches agens, ein wirkliches lösendes Ereignis.

So ist der Frühling nicht nur der freundliche, erlösend-belebende Gegenspieler des Winters, dessen bleiches Weiß in der zweiten Strophe im Mondlicht (imminente luna) und im bleichen Tod der vierten Strophe wiederkehrt. Seine tanzende Leichtigkeit, seine Unbestimmtheit, dem Chorreigen der Geister im Mondlicht vergleichbar, tritt auch (2. Strophe) in Gegensatz zu der Glut des Sommers, dessen Hitze schon im Erdinneren herrscht, wo Vulcanus (Hephaistos), der hinkende Gatte der Venus (Aphrodite), seine Schmiedegesellen, die Zyklopen, in feuriger Glut (ardens) besucht, die Zyklopen, die mit klobigen Händen und schweren Werkzeugen (ausgedrückt in gravis officinas; gravis deutet auch auf drückende Hitze hin) in der göttlichen Schmiede arbeiten. Derweil nutzt über der Erde die frühlingshafte Venus von Cythera, wo sie aus dem Schaum des Meeres geboren worden ist, die Zeit der Abwesenheit des Vulcanus (ducit und visit = Präsens), um den Chortanz der Grazien und Nymphen anzuführen, die spielerisch, im Tanz, mit wechselndem Fuß (vielleicht das Hinken des Vulcanus spöttisch nachahmend) auf die Erde über den ihnen so ungleichen Zyklopen stampfen.

Auch der Mensch soll sich (3. Strophe) befreien lassen aus winterlicher Bewegungslosigkeit (arator igni) und erlösen lassen aus Strenge und Starrheit (acris), die einfachen Güter des Frühlings entgegennehmen, die schlichte Myrte und die Blume, die aus der erlösten Erde sprießt. Er soll dem launischen Faun das obligate Opfer bringen, aber so, wie der Faun es schätzt, im schattigen Hain, abgeschirmt vor der Sonne des geschäftigen Treibens und des eindeutigen Triebs (seu poscit agna sive malit haedo), um so den Gott der Fruchtbarkeit zu Gunst und Hilfe zu bewegen.

Wer so aufmerksam sieht und hört wie der Dichter, sieht und hört im leichten Tanzschritt der Grazien und Nymphen im weißen Mondschein auf den gerade vom weißen Reif befreiten Wiesen aber auch schon (4. Strophe) das Ende, den bleichen Tod (pallida mors), sein herrisch-unerbittliches Pochen an die Lebenstüren der Armen in ihren Hütten (pauperum tabernas) und der Machthaber in ihren Turmpalästen (regumque turris). Der Frühling ist für Arm und Reich auch eine gefährliche Jahreszeit, weil er die Lebenskraft auf die Probe stellt. Vor seiner Gefahr sind, wie im Tod, alle gleich.

Der schwebende Frühling zwischen den Gewalten von Winter und Sommer lehrt uns, keine weitzielende Hoffnung (spem longam) zu entwickeln (incohare), denn die Nacht (nox) des Lebensendes und die Geschichten, die wir uns von den Verstorbenen erzählen (fabulaeque manes), werfen ihren bedrükkenden Schatten (premet) voraus. Das armselige Haus (domus exilis, darin auch: exilium) des Gottes im Totenreich (Pluton) wird den Türmen der Könige (regumque turris) und dem Weinkönig (regna vini) gegenübergestellt, der die Mischung des Weins an der Tafel bestimmen darf (5. Strophe): Auch Sestius, der Konsul, muß wandern (quo simul mearis). Daran soll er denken, während er das wechselnde Glück des Frühlings (angedeutet im Würfelspiel um die Ehre des Weinkönigs, sortiere talis) genießt, während er das erwachende Leben bewundert (mirabere), das wie ein zarter Jüngling daherkommt, jetzt noch der Schwarm der Jungen (calet), bald Gegenstand oder Opfer (Faunmotiv) der Leidenschaft der Frauen (tepebunt).

Das feingeschliffene Gedicht weist zahlreiche lautmalende Elemente auf: das Wehen des Westwinds in 1: v, v, v, F; der Tanzschritt der Nymphen und Grazien: t, t, p, d, d in 7; das Pochen des Todes: fünfmal p, einmal b in 13.

Das faunische (erotische) Element durchzieht das ganze Gedicht. Im Wechsel zum Frühling erwacht die Anziehungskraft der machinae (Rollen von Winden) auf die siccas carinas der (nicht genannten und als weiblich verstandenen) Schiffe. Der »Pflüger« (arator) hat am heimischen »Feuer« keine Freude mehr (neque gaudet), er fühlt sich gefangen, wie das Vieh in den Ställen (stabulis). Nymphen und Grazien singen und tanzen in weiblich-zärtlicher Verbindung (iunctaeque), während sie doch (so kann man fabulieren) gleichzeitig mit zartem Fuß den groben Zyklopen-Schmiedegesellen den Takt zu ihrer Arbeit klopfen. Das Motiv des Wechsels (grata vice) findet sich hier, ebenso beim Faun, der mal das weibliche Lamm, mal den jungen Bock vorzieht, und so wie beim Knaben Lycidas, den heute die männliche Jugend heiß umschwärmt (calet) und für den sich morgen die Mädchen erwärmen werden (tepebunt), heiter im Wechsel zwischen den Geschlechtern angedeutet, in den auch Sestius einbezogen wird (mirabere; Nennung des Sestius im Anschluß an Faun).

Gegen diese heiteren, lustvollen, aber geisterhaft ungreifbaren Ober- und Untertöne wird ein Gegenton der Unsicherheit, ja der Bedrohung hörbar. Venus tanzt den Liebestanz, weil der grimmig-glühende Vulcanus (Volcanus ardens) gerade zu einem Besuch seiner Schmiede geht, also heimlich. Der Mond schaut nicht nur zu, sein Schein gibt der Szene etwas Bedrohliches (imminente luna). Der Lustherrschaft des Faun im schattigen Hain entsprechen Opfer auf der Seite der Schafe und Böcke, doch sie müssen gebracht werden (decet), wenn er es so will (poscat, malit), von den Nymphen und Grazien ebenso wie von Lycidas. In den Tanzschritt der Nymphen mischt sich das Pochen des Todes, der ebenso wenig wie der Faun bei seiner Wahl, die anderen Leiden bringt, Schonung übt. Der Nacht, in der Venus tanzt, kann bald eine bedrückende Nacht folgen (iam te premet nox).

Das Drängen, der Ruf zur Eile, die das ganze Gedicht

durchdringen (zweimal iam, dreimal nunc, zweimal decet, einmal mox), haben daher ihre Ursache nicht nur im Drängen des Frühlings der äußeren Natur, in der gebieterisch erwachenden Frühlingslust und im Gebot der Klugheit vor dem schon sichtbaren Ende. Wir spüren vielmehr eine Bewegung, Verwirklichung und Schwächung der Existenz: Im Hain des Faun, diese Szene steht im Mittelpunkt der symmetrisch aufgebauten Ode, bringen wir der Lust ein Opfer, solange es noch Zeit ist.

I 5

Das Frühlingsgedicht I 4 hat die Türe geöffnet, ein Liebesgedicht schließt sich an, in 21 Sprachen übersetzt, eine der gefeiertsten Oden, deren Ausdrucksklarheit, deren ironischer Funkelglanz und deren hintergründiger Ernst sich aber doch in anderen Sprachen kaum widerspiegeln lassen.

Eine doppelte Frage am Anfang, sie richtet sich an die allein Ansprechbare des Liebesspiels in der Grotte, an die Frau (te, religas). Sie betrifft aber beide, den unerfahrenen stürmischen Knaben (puer urget, insolens, credulus, nescius) ebenso wie die raffiniert natürlich Mitspielende, die vor oder nach dem Treffen ihr blondes Haar (flavam comam) bei aller weltläufigen Raffinesse einfach (simplex munditiis) für (cui) ihren Liebhaber legt (religas). Nur sie ist umsichtig, nur sie ist Ohr und Verstand dieses Paares, sagt das Gedicht, das nicht den Versuch unternimmt, mit dem Knaben zu sprechen (te betont, puer nicht), dessen wildes Ungestüm durch die Unzahl von Rosenblüten (multa in rosa) auf dem Lager und das Überströmtsein von Ölen und Düften sowohl angedeutet als auch beschrieben wird: Er ist seines »Verstandes« beraubt, von Sinnen, in seinen Sinnen gefangen. Mit der Frau spricht das Gedicht, sei es, daß es sein (quis), sei es, daß es ihr Handeln (cui) meint, mit der Überlegenen, der Führerin, mit der von der Leidenschaft nicht

Gefangenen, der Spielerin. Ihr gegenüber erscheint das männliche Geschlecht insgesamt wie ein zarter Knabe, den seine Leidenschaft in das Versteck der Grotte treibt, in der die mächtigere Partnerin wie die Spinne im Netz mit dem Gelbkreuz (Pyrrha – die Feuerfarbene) auf ihn lauert und die Fäden ihres blonden Haares in einer seiner Einsinnigkeit täuschend entsprechenden Einfachheit legt.

Die Begegnungsdifferenz zwischen Mann und Frau, die das Gedicht in der Liebesstunde durch den Altersunterschied, den Unterschied an Erfahrung, den Unterschied an Leidenschaftszwang als Macht der Frau über den Mann ausdrückt, wird in den beiden nächsten Strophen in die vor dem Paar liegende Zeit hinein erweitert: Das schon fast hörbare Weinen des Knaben (flebit), der festhalten will an dem, was ihm schon im Glück nicht gehörte, sein Weinen über seiner Geliebten wechselnde Treue, auf die er so wie auf seine Götter vergeblich vertraute (fidem mutatosque deos), sein zu erwartendes maßloses Staunen und Verwundertwerden (emirabitur) über den jäh aufkommenden Mißmut, die Launen der Dame, die so rasch auftreten, wie die schwarzen Winde (nigris ventis) den glatten Meeresspiegel aufrauhen (aspera aequora), leuchtendes Blau in Schwarz verwandelnd, überraschend und gefährlich für den Seemann und den Liebhaber, der sich in der Sonne so sicher fühlt, der die Sonne des Meeres, den Sonnenglanz der Geliebten im goldenen Haar (aurea) leichtgläubig, ohne Vorsicht (credulus) genießt (fruitur), den Himmel immer frei und lieblich, die Geliebte immer für sich aufgeschlossen (semper vacuam) und liebesbereit (semper amabilem) wähnend und erstrebend (sperat), besinnungslos, unverständig (nescius) für die Tücke fallender Böen, für das jähe Erlöschen des Glanzes der Aura (Wortspiel aurae fallacis), die nun anderen glänzt (nunc, miseri im Plural).

Nach Frage und Vorhersage dann die kurze, wie es scheint, düstere Aussage des Gedichts, die wieder an die Frau gerichtet ist, aber verallgemeinernd allen Liebhabern gilt, die dem Schiffer vergleichbar sind wie die Geliebte dem Meer (Andeutung an Venus): Daß armselig all die sind, denen die Schöne noch nicht versucht, noch nicht »erfahren« erglänzt (intemptata nites; in intemptata klingt vielleicht schon tempestas an, in nites die noch glänzende Oberfläche des Meeres). Die kurzen Freuden der erobernden Liebe werden ertränkt in dem nachfolgenden Meer des Jammers. Die Liebe lockt, aber sie ist eine Unheilsgewalt, die Leiden schafft, nur weil sie sich schmückt und den dadurch erregten Erwartungen dann nicht auf Dauer entspricht. Der Dichter sagt es von der angesprochenen Liebhaberin (nites), er meint aber die Liebe selbst, das Lebensereignis mit kurzer Freude und langem Leid, er meint alle Liebenden (Plural des miseri als spöttischer Gegensatz zum Treuglauben des Knaben und als Verallgemeinerung), bei denen sich in die Liebessehnsucht die Sehnsucht des Lebens mischt: daß das Glück bleibe und nicht vergehe. Miseri sind wir daher vor der Göttin der Liebe, die das jähe Ende unseres Rausches ebenso wenig verhindert wie den darin gesehenen und stattfindenden Verfall unseres Lebens.

Dem Unheilsurteil, zu dem sich das Gedicht verknotet, das für den Augenblick den spielerischen Witz fast vergißt, tritt der Dichter gelassen (Vergangenheitsform der Errettung) nach der Anrufung eines mächtigen Gottes entgegen. Er hat, weil er (noch) nicht untergegangen ist, jedenfalls das nackte Leben gerettet hat (Gegensatz und Parallele zum nackten Knaben), die Votivtafel des Dankes an die heilige Tempelmauer gehängt, zuvor noch die feuchten Kleider, die ihn in die Meerestiefe (entsprechend dem Motiv des Gedichts: Frau = Meer) zogen. In seiner Ohnmacht angesichts der Lockungen und Gefahren der Liebe (dem Ereignis auf hoher See) rief er den Schutzgott an, nicht die Göttin der Liebe, sondern den Gott des Meeres, Poseidon, den pferdegestaltigen Teilhaber der Macht in der Unterwelt, der mit dem Dreizack mächtiger (potenti) ist nicht nur als die schutzbedürftigen »Seefahrer«, die jungen Liebenden, sondern auch, so finde ich angedeutet, als die Gefahren der Liebe und die Macht ihrer Göttin, als die Erfahrung des Leides in der Liebe. Es gibt eine Macht, die aus der Liebe und der in sie gemischten unmäßigen Lebenssehnsucht retten kann: die Selbstbeschränkung (Aufgeben des nassen Ballastes) als innere Befreiung, aber auch der Lebensschutz im Transzendenten (Wendung zur Tempelmauer), eine Macht, die der Liebe den quälenden Zug der Lebensnot nimmt und sie in heiterer Gelassenheit zu feiern ermöglichen kann.

Wer der Liebe so gegenübersteht oder sich vielmehr so aus ihren Turbulenzen zu erretten weiß, kann gut lächeln und spotten, dem steht die eingrenzende und entwaffnende Sprache der Ironie gut an, die der Dichter hier nicht gegen die Liebe oder gegen Pyrrha richtet, sondern nur gegen die ungestüme Unerfahrenheit, das unerwachsene Unmaß von Knaben, gegen die Ewigkeitshoffnung im endlichen Geschehen. Die Spannung zwischen dem wilden Knaben und dem erfahrenen und erretteten Dichter entspricht dem Entwicklungsbogen der Liebe und ermöglicht eine Lehre ohne Verurteilung: Die Warnung des Gedichts gilt zwar den Gefahren der Liebe, sie soll aber – dies ist die verdeckte Botschaft – nicht von der Erfahrung abhalten. Miseri sind nur die, die weder die goldene Liebe erfahren noch sich aus ihr (wie der Dichter) erretten. Aus Erfahrung und Errettung erwächst die göttliche männliche Kraft (im überraschenden potenti deo liegt der versteckte Witz des Gedichts).

Unübersetzbar ist die den Ausdruck geschmeidig verstärkende technische Meisterschaft des Gedichts: der klare, geschlossene Aufbau der sich im komplizierten Satzbau und in den Bildern entsprechenden, aber inhaltlich gegensätzlichen (te – me, liquidis – uvida, antro – sacer paries) Außenstrophen und der einfacheren Binnenstrophen; die Gedankenführung über das »quis« und »cui« zum zweifachen »qui«, die Erweiterung zum »quibus« und die Gegenüberstellung zum einfachen, selbstbewußten »me« (an der Stelle von »te« in der ersten Zeile); die Aufteilung der Worte (Hyperbata) in einer Zeile (insbesondere in der ersten und der letzten Strophe), um die Betonung als Sinngebung einzusetzen (z.B. multa-rosa, liquidis-odoribus, flavam-comam), beispielsweise die Einrahmung der Geliebten als Ausdruck der umarmenden Verbindung und der schützenden Grotte (gracilis *te* puer, wiederum eingerahmt von multa-in rosa; grato *Pyrrha* sub antro); die Auflösung der Zeilen, der Sätze und der Strophen als Ausdrucksmittel und als Ausdruck der Freiheit und des Selbstbewußtseins des Dichters. Ein Gedicht, das wie die goldene Pyrrha zu Recht die Aufmerksamkeit vieler Liebhaber auf sein Rosenbett gezogen hat.

I 9

Nach zwei (hier nicht übersetzten) an hohe Politiker (Agrippa, Plancus) gerichteten Oden und einem spöttischen Gedicht über das Verschwinden eines der Liebe verfallenen jungen Mannes (I 6-8) wieder eine Ode von stärkerem lyrischen Gehalt und feiner Webart: die Bildersprache eines Älteren zu einem Jungen. Horaz benutzt diese Gesprächsform in seinen Oden gern, weil in ihr eine Lehre vermittelt und zugleich das weiße Licht des Lebens in den bunten Bogen der Lebensalter aufgespalten werden kann.

Unsere Ode lehnt sich an ein griechisches Vorbild (Alkaios) an, sie ist die erste in der alkäischen Strophenform, der gedachte Knabe wird mit dem griechischen Namen Thaliarchos (Führer bei Festen) angeredet: Horaz bekennt sich zu seiner Bewunderung für die frühe griechische Dichtkunst auf Lesbos (Alkaios, Sappho), zu ihrem Farbenreichtum, ihrem tänzerischen Schritt aus Bewegung und Verhalten.

Verhalten und Bewegung, Alter und Jugend haben je ihren

eigenen Schritt und Sinn, sie fügen das Leben wie eine Ode zusammen. Beide sollen die Gegenwart nutzen, weil es keine andere Zeit des Lebens gibt, so daß alles, was das Schicksal (fors) am heutigen Tage gewährt (quem dierum cumque dabit), als Gewinn erachtet und verbucht werden muß (lucro adpone) im Vergleich zur noch nicht und vielleicht nie erreichten Zukunft (quid sit futurum cras) und zur unbeeinflußbaren Vergangenheit.

Dieser im Herzen der Ode, am Beginn der vierten Strophe in etwas mehr als zwei Zeilen (13-15) ausgesprochene Denk- und Lehrsatz wird in den Lebensraum des Alters (1-12) und der Jugend (15-24) eingebracht. Die schönen Bilder dieser konzentrisch aufgebauten Ode stehen, sprechen und wirken für sich, ohne daß es hier noch einer stärkeren gedanklichen Vertiefung bedarf.

Das Alter steht sichtbar, weiß, still und kühl wie der Soracte (erste Strophe), während der Jugend Gelächter im hintersten, intimsten Winkel (intumo angulo) aus dem Versteck (latentis) dringt (letzte Strophe, in der die verschränkte Stellung der Nomen und der Adjektive das Versteckspiel andeutet). Die Wälder des Winters arbeiten schwer (laborantes), um ihre Schneelast abzuwerfen, das lockende Mädchen wehrt sich nur schwach (male pertinaci), wenn der Jüngling ihm das Pfand von Arm oder Finger streift (pignusque dereptum lacertis aut digito). Die Adern des Alters gleichen vereisenden Flüssen (flumina constiterint), warm ist das Blut der Jugend im Versteckspiel der Liebe (proditor, gratus, male pertinaci). Die Luft des Alters ist beißender Frost (geluque acuto), das Versteckspiel im Garten der Jugend setzt Frühling oder Sommer voraus. So malen die erste und die letzte Strophe den Gegensatz der Lebensalter deutlich: Die Jugend scheint in allen Punkten (vom weithin sichtbaren Ansehen, das aber Kälte empfinden läßt, abgesehen) siegreich, vorzugswürdig zu sein. Ironisch warnt der Dichter den grünfrischen (virenti) Jüngling sogar schon vor der starren Regelgebundenheit des Graukopfs (canities morosa, 5. Strophe).

Doch das Alter hat seine Hilfen und seine schönen Stunden (zweite Strophe), die den Vergleich mit der Jugend nicht zu scheuen brauchen: Holzscheite auf das Feuer des Herds (ligna super foco), das die Kälte vertreibt (dissolve frigus), das Blut erwärmt und die Starrheit löst (dissolve), herbei mit dem Wein, der von innen Wärme und Lösung spendet! Ein Knabe (puer) kann, wenn er reichlich (large) und freundlich-großzügig (benignius) handelt, helfen, aufgetretenen Mangel zu ergänzen (reponens) und Verschlossenes wieder zu öffnen (deprome). Aber auch in diesen guten Stunden meidet das Alter den Überschwang. Es zieht seine Kraft und es wirkt seine Kunst aus einfachen Mitteln: Das Höchste ist ein vierjähriger (quadrimum) Sabiner Landwein, der aber reichlich fließen soll (Mehrfachbedeutung von benignius: mehr, besser, lieblicher, freundlicher) und der rein und unvermischt (merum) sein muß, um wie einfache Holzscheite (ligna) dem Alter Feuer zu machen, ein Feuer aber, bei dem man sprechen kann, sprechen über die Erfahrung und über vergangene Zeiten, etwa die Hoch-Zeiten der griechischen Kunst (angedeutet im Zweihenkelkrug diota und im Namen des Thaliarchos).

Derweil trifft sich in der entsprechenden zweitletzten Strophe die Jugend am frühen Abend, wenn die Nacht fällt (sub noctem), auf dem von Säulen umstandenen Marsfeld, auf den Plätzen der Stadt, so wie dies heute noch die italienische Jugend am Sonntagabend in den Städten der Toscana tut. Dem stillen Gespräch am Kamin (in der zweiten Strophe) entspricht hier ein Plaudern und Raunen der Vielzahl, sanft im weichen Abend, erwartungsfroh, aber gedämpft (lenesque susurri); Treffen dieser Art sollen sich zur verabredeten Stunde (conposita hora) wiederholen (repetantur). Der Dichter drängt hier den Jungen (zweimal nunc; repetantur), sich dem ihm angemessenen Tun zu öffnen, so wie er in der Strophe 2 die Lösung vom Frost des Alters fordert. So gehen die zweite und die fünfte Strophe von dem Extrem der Außenstrophen auf die Lehre im Innern der Ode zu.

Das Alter kann von dem Glück der Stille und des einfachen Daseins erzählen und nähert sich damit (dritte Strophe) bis auf einen Hauch der Lehre der Ode. Das Alter hat gelernt, den Göttern »das Weitere« zu überlassen, nein, es ihnen zu gestatten, weil die Weisheit ihm das Zulassen der Götter und ihrer Fügungen ermöglicht. Das Schicksal wird nicht nur erduldet, hingenommen, sondern zugelassen, erlaubt (im permitte klingt permissum an), gebilligt, so wie es kommt. Das permitte kündigt hier (nach large und benignius) die dichteste Stelle der Ode an, an der die hohen Zypressen und die alten Eschen nach dem Sturm nur einfach dastehen, da sind und schweigen (Ende der dritten Strophe), während auf der anderen Seite dieser völligen, transzendenten Stille das Wort die gleiche Botschaft spricht: daß das Leben Dasein ist, daß wir den Blick in die Zukunft (quid sit futurum cras) meiden müssen, wie man eine Gefahr flieht (fuge quaerere), daß die Gegenwart, der heutige Tag, als Geschenk (dabit) empfangen und, was er auch bringe, als Gewinn geachtet und verbucht (lucro adpone) werden muß, weil nur so die Aufmerksamkeit für das Leben, die Lebendigkeit der Lebenden, gesichert werden kann. Sie gilt auch für die scheinbar leichteren Tage der Jugend, in denen die süßen Freuden und Spiele der Liebe (dulcis amores) und ihre Tänze (choreas) verweigert werden können, aber bejaht und angenommen werden sollen (nec sperne; das wiederholende neque und das tu geben der Aufforderung an den Jungen auch hier einen drängenden Ton), so wie die Stille des Alters.

Was der Dichter aus dem alten griechischen Gedichtstoff hier als gedankliche Aussage unaufdringlich, zart in Bildern malt, was er schon durch die konzentrische Gestalt, die stille Mitte der Ode als Möglichkeit vorführt, daß nämlich das Leben in der Offenheit für die Gegenwart geordnet und als

Geschenk erlebbar ist, ist ein poetisches Geschenk, das er uns in der Stille geschaffen hat und das wir noch nach zweitausend Jahren als schönen Gewinn verbuchen dürfen.

I 10

Die 10. Ode erst wird einem Gott geweiht. Gedichte an Maecenas, Augustus und andere Politiker, an die Dichter Vergil und Varus, gehen dieser Ode voraus, ebenso Lieder an den Frühling, an die Liebe und über das Verhältnis zwischen den Lebensaltern. Das erste Odenbuch wurde, wie die anderen Bücher, für das diesseitige, tätig-expansive Rom geschrieben, von einem nachdenklichen Dichter im schattigen Hain (I 1, 38), nicht von einem Gläubigen an Gläubige. Wenn Horaz für oder besser von einem Gott schreibt, schreibt er für das mögliche Göttliche im Menschenleben. Deswegen handelt es sich trotz der äußeren Form einer Anrufung (Kennzeichen: te, te, te, duce te, Schlußgedanke religiöser Art) weniger um ein Gebet als um die Entfaltung einer göttlichen Dimension im Menschen.

Bemerkenswert ist zweitens, für welchen Gott der Dichter sich als den von seiner ersten Anrufungshymne Besungenen entschieden hat: Für Merkur, nicht in seiner römischen Funktion als Gott des Handels und des Verkehrs, sondern in der griechischen Gestalt des Hermes, also für den Gott des Weges (die Steinpfeiler, die Hermen, wiesen dem Wanderer den Weg), den Begleiter von Wanderern, den Götterboten, zugleich den Gott des glücklichen Fundes (hermaion) und der Erfindungen, auch auf dem Gebiet der Rede und der Interpretation (hermeneia), für den Gott des Glücks in den sportlichen Wettkämpfen der Jugend, in den Ringschulen und Gymnasien, den Gott der Schlauheit und der List, der auch einen geschickten Diebstahl nicht ausschloß, den Gott mit dem goldenen Stab, der den

Menschen den Schlaf, aber auch das Erwachen schenken kann, der ihnen Träume schickt und mit diesem Zauberstab die Seelen auf ihren Platz in der Unterwelt zurückzwingt, was andeutet, daß dieser Platz ihnen vorherbestimmt, sicher ist. Horaz sammelt diese Eigenschaften und Taten des vielseitigen Gottes mit der Behutsamkeit eines Liebhabers, er ordnet sie zugleich unter einem eigenen Gedanken. Er setzt sie in einfachen sapphischen Versen wie Miniaturen zusammen, er versammelt sie geordnet zu einem zierlichen Bild.

Der Gedanke des Dichters, der uns – wie Hermes – durch das Gedicht führt, tritt gleich in der *ersten Strophe* hervor: Merkur ist der Gott der Sprache, der Redegewandtheit, der Sprachmeisterschaft (facunde; kein gehobenes Wort, ein Wort, das schon Elemente der »schlauen Rede« enthält, s. catus und callidum). So, wie Merkur sich selbst zum Redegewandten, zum Scharfdenkenden (catus) und zu einem Listenreichen (callidum) entwickelt hat, wie er, der Enkel des schwer an der Erde tragenden Atlas (Merkur ist Sohn der Atlas-Tocher Maja und des Zeus), den Herakles täuschen konnte (Herakles bat Atlas, die Erde »kurzfristig« wieder zurückzunehmen, machte sich dann aber mit den von Atlas geholten goldenen Äpfeln der Hesperiden davon), so formte Merkur die wilden, barbarischen Lebenssitten (feros cultus) der frühen Menschen (hominum recentum) zu klarscharfen (catus) schönen (decorae) Ordnungen des Zusammenlebens um. Als Beispiel und als andere Form des schönen Ausdrucks gelten dem Dichter die Regeln (more) des Wettkampfsports (eines zivilisierten Abbildes des Krieges) in den Ringschulen und Gymnasien (palaestrae).

Die Sprache ist für Horaz also nicht nur das Entwicklungsergebnis der Menschheitsgeschichte. Sie formt zugleich die Nachwachsenden wie durch eine belehrende göttliche Stimme (voce formasti), so wie griechische Lehrer, etwa Sokrates, am Rande der Sportstätten (palaestrae) die Jugend gelehrt haben. Die Sprache trägt wie die Regeln des schönen Wettkampfsports dazu bei, die kriegerischen, gewaltsamen, blutigen, todesbringenden Unsitten (feros cultus) zu bändigen, zu zivilisieren, der Dichter sagt aber: ohne ihnen die Kraft zu nehmen, ohne sie fade werden zu lassen, weil sich Witz und List, rasches Verstehen und elegante Täuschung in der Rede ebenso durchsetzen können wie im Sport, weil hier wie dort Geistesgegenwart, die Versammlung der Kraft im richtigen Augenblick, zählt und nützt, so daß der körperlich Schwächere den Stärkeren besiegen kann.

Dieser schon in der ersten Strophe mit wenigen, sicheren Strichen gezeichnete Gedanke wird in den folgenden Strophen fast unmerklich in glockenreinen Wiedergaben traditioneller mythologischer Bilder entfaltet. Merkur ist (*zweite Strophe*) deswegen ein geeigneter Botschafter (nuntium) zwischen dem großmächtigen Jupiter (magni Iovis) und den Göttern und schafft damit als sprachlicher Mittler Ersatz für Gewalttaten und Zornesblitze, weil er erfindungsreich ist, wie er beispielsweise schon kurz nach seiner Geburt die Lyra aus einem Schildkrötenrücken (testudo ist ein Bildname für die Leier, Ode I 32) schuf, ein Instrument des Ausdrucks und der Verbindung, das wie die Sprache und geordnete schöne Wettkämpfe rohe Gewaltverhältnisse auf höherer Ebene zum Ausgleich bringen kann. Erfindungsreichtum und Musikalität erscheinen hier als Attribute der Redekunst (facunde).

Dem sprachersetzenden, Sprache voraussetzenden Interessenausgleich durch Boten ist im östlichen Mittelmeerraum aber die Sicherung des eigenen Interesses (quidquid placuit) auch des Boten nicht fremd. Dies ist vielmehr geradezu ein Beweis und eine Versicherung für seine Fähigkeiten, vorausgesetzt, es geschieht in einer die Botenrolle nicht sprengenden, erträglichen Weise, etwa durch eine köstliche List (iocoso furto), die selbst den Betrogenen noch zum Lachen bringt, ihm so Erleichterung verschafft und damit (wie die Musik) die Interessenbalance auf einer anderen Ebene sichert. Dieser Einfallsreichtum, diese Geschwindigkeit (der Merkur ist der schnellste Planet) und Gewitztheit erst machen aus dem einfachen Boten, der das getreu überbringt, was ihm aufgetragen worden ist, einen aktiven Botschafter, einen fesselnden Redner, der als Anwalt auch schwächerer Sachen und Parteien noch mehr als erwartet herausholen kann – so wie Merkur die Pfeile aus dem Köcher des Apoll.

Diese wahrhaft köstliche Diebesgeschichte (*dritte Strophe*) schließt sich an das selbst nur als Beispiel für die Sprache genannte Bild des Boten in einer glücklichen erzählerischen Abschweifung an, als ein Exempel, ein (neben der Erfindung der Lyra zweiter) Exkurs über die Gewitzheit des jungen Merkur, die aus ihm später den Boten mit dem großen Verhandlungsgeschick gemacht hat: Merkur hatte, soeben geboren, seinem Halbbruder Apoll eine Rinderherde entwendet (und Apoll irregeführt, weil er die Rinderherde rückwärts trieb, die Hufspuren also in die falsche Richtung zeigten) und außerdem, was Apoll erst nach der zornigen Rückforderung der Rinder und dem danach von Merkur ausgehandelten Tausch (Apoll erhielt die Lyra gegen den Verbleib der Rinder bei Merkur) bemerkte, den Köcher des Apoll mitsamt den Pfeilen gestohlen, was diesen zum Lachen brachte und Merkur einen zusätzlichen, nicht ausgleichspflichtigen Vorteil verschaffte. Die List (per dolum), die den Mächtigeren (den älteren Bruder, vgl. te puerum), den Zornigen (minaci voce terret) auch noch zum Lachen bringt (risit), nutzt der Sache des Boten, das ist der Verbindungsgedanke zur vorhergehenden Strophe, in doppelter Weise: List *und* Witz schirmen den Gewinn der begehrten Sache (quidquid placuit) doppelt ab (condere furto, in der 2. Strophe an der gleichen Stelle wie risit Apollo in der 3. Strophe), wenn die List so köstlich (iocoso) ist, daß sie auch dem Geschädigten akzeptabel erscheint (iocoso an gleicher Stelle wie viduus pharetra).

Mit einem blickerweiternden, aufhorchenlassenden »quin« (*vierte Strophe*) kehrt Horaz von diesem Exkurs in der Mitte der Ode zurück zur Botenrolle des Merkur (auf die er durch diesen Überraschungsschritt besonders hinweist), zu einer Rolle, die den Merkur zum Symbol der Verständigung mit den Mitteln der Sprache macht. Merkur ist nicht nur Bote, sondern auch Führer und Vermittler für ein Gespräch der Mächtigen selbst. Er zeigt auch hier sein erstaunliches Geschick: Er führt (te duce) den Trojer-König Priamus an den stolzen Atriden Agamemnon und Menelaos (Atridas superbos), an den nächtlichen Wachtfeuern der Thessalischen Myrmidonen (der Kampftruppe des Achill) und dem übrigen Festungslager der Feinde Trojas (iniqua Troiae castra) vorbei zu Achill, der dem alten Vater gegen die mitgebrachten Reichtümer (angedeutet in dives) die Leiche seines Sohns Hektor übergibt. Hier verhilft der Gott der Sprache den Kontrahenten selbst zu einer Aussprache, zu einem durch Umgehung (fefellit) ermöglichten, erfolgreichen Gespräch zwischen dem Siegreichen und dem Unterlegenen, zwischen dem Jungen und dem Alten, dem im Heerlager, in der Mitte seiner Thessaliker, geschützten Helden und dem aus der Sicherheit des dem Fall entgegengehenden Troja (Doppelbedeutung von Ilio relicto) heraustretenden König, zwischen dem weniger Begüterten und dem Reichen, zwischen dem Besitzer des Leichnams und dem sorgenden Vater.

Mit diesem vor dem Hintergrund des heiteren Rinderdiebstahls der Jugendzeit jäh hervortretenden (quin) ernsten und ergreifenden Bild davon, was Sprache vermag, was sie an Gegensätzen überbrücken kann, greift der Dichter die Rolle Merkurs als Bote der Götter (deorum nuntium) wieder auf und leitet über (*fünfte Strophe*) zu der letzten Aussage (nunmehr im Präsens) über Merkur, über die den Menschen gegebene Sprache: Er wie sie können mit leichtem Zauberstab die dieser Sprache zugänglichen (frommen) Toten (pias animas) auf die ihnen vorherbestimmten (reponis) glücklichen Ruhesitze (laetis sedibus) im Jenseits geleiten. Merkur kann mit dem goldenen Stab (virgaque aurea), den Apoll ihm in seiner Jugend schenkte (drittes Jugendereignis nach der Erfindung der Lyra und der Diebstahlsgeschichte), auch in der ehernen Mauer des Todes Türen finden, durch sie die leichte Schar (levem turbam) der Seelen mit dem Stab der Poesie (Merkur als guter Hirte) auf den ihnen gemäßen Platz führen, mit leichtem Zwang (reponis, coerces). Die Sprache der Dichtkunst vermag dies, ebenso wie Merkur, aufgrund ihrer Vertrautheit mit den Göttern des Lebens (der Höhe) und denen des Todes, der Unterwelt (gratus superis deorum et imis), dank ihrer Fähigkeit, Grenzen zu Lebenden und zu Toten in leichter (leves), zwingender (coerces) Weise zu überschreiten.

Ein kurzes, kurzzeiliges Gedicht, reich an Bildern und angedeuteten Gedanken und klar im Aufbau und in der Aussage. Die den Schlüssel für das Gedicht liefernde Hauptaussage erscheint schon in der ersten Anrufungsstrophe, die zugleich die beiden poetischen Elemente des Gedichts enthält: den scharfen Witz (catus) und die schöne, geführte regelmäßige Bewegung (decorae palaestrae), die in der Lenkung mit dem Zauberstab am Ende der Ode wiederkehrt. An dem te, te, te, tu sind alle nachfolgenden Strophen wie Perlen an einer Schnur aufgehängt. Der Ausbau des catus-callidum-Elements in der Diebstahlsstrophe 3 dient als Kontrast für die rasche, überraschende Wendung zum schönen Ernst der mit »quin« eingeleiteten vierten Strophe, die bereits bildlich (Priamus holt den toten Hektor aus dem feindlichen Lager) den Gedanken der 5. Strophe (Hinführen der Seelen der Toten zu ihrem Platz in der Unterwelt) vorwegnimmt. So reichen die Strophen die Gedanken von Hand zu Hand gleich den zahlreichen Konsonantenreihen, den in den Betonungsmittelpunkt gerückten Hauptsinnworten (voce, voce, duce) oder den Nebensinn-bildenden melodiösen Verschränkungen (Hyperbata) in der letzten Strophe.

Das Gedicht wirkt leichthin erzählt, elegant, und will uns doch (wie bei Horaz häufig) eine leise, dementierbare Mitteilung machen, uns am goldenen Stab der Dichtkunst zu einem glücklichen und der Ordnung des Lebens (reponis im Sinne des Wiederfindens einer vorherbestimmten Ordnung) entsprechenden Sicht-, Denk- und Lebensplatz zwingen.

I 11

In der nur achtzeiligen Ode nimmt Horaz eine Frage von Leuconoe auf, einem Mädchen (was erst durch das zweitletzte Wort credula sicher erkennbar wird) mit griechischem Namen. Ihre Frage richtet sich auf die Zukunft, der nüchterne Römer spricht es aus: auf das Ende. Nicht auf das Ende der Beziehung, der das ernste Werbegedicht gilt. Das zweimalige »quem« zeigt, es geht um das jeweilige eigene Ende, um den Tod.

Die Frage des Mädchens trifft den Dichter – trotz ihrer Naivität, die sich nur auf das Wann, Wo und Wie des Todes richtet und Aufschluß von einem astrologischen Zahlenrätsel aus Babylon (Babylonios numeros) erhofft. Fast beschwörend weist er sie zurecht: Das Wissen, das sie sucht, steht dem Menschen nicht zu, das Wissenwollen schon ist ein Übergriff in das Reich der Götter, ein Frevel (nefas). Schon der Versuch (temptaris) mit dem astrologischen Spiel ist Unrecht, muß abgebrochen werden.

Nach dieser raschen, erschreckten Warnung wendet sich der vom Spiel des Mädchens betroffene Dichter aber der Frage Leuconoes zu, und damit zugleich seiner eigenen Frage. Er muß die Frage Leuconoes, um sie zu beantworten, vertiefen: Nicht erst der Tod und die Zahl der Jahre (hiemes), die er beendet, ist die Frage unseres Schicksals, das von den Göttern (di), von Jupiter, vorherbestimmt gewährt wird (dederint, tribuit). Schon das Vergehen der Kraft (debilitat) zu unseren Lebzeiten, in denen sich unsere Lebenswellen (wie die des

Tyrrhenischen Meeres) zwischen den felsigen Widerständen (oppositis pumicibus) im Herbst und Winter kraftlosschäumen, ist ein Beginn des Todes. Ja, schon unser jetziges, heutiges Leben ist vom Vergehen gekennzeichnet: Der Neid der Zeit (invida aetas) gönnt uns gerade die schönsten Augenblicke nicht. Sie scheint sich aus dem Zwiegespräch (dum loquimur) mit dem licht-denkenden Mädchen (dies könnte die Übersetzung des Namens sein) geradezu fluchtartig zurückzuziehen (fugerit, im Perfektfutur, wie dederint).

Die Antwort des Dichters lenkt den Blick des Mädchens ab von der gefährlichen, frevelhaften (scire nefas), weil das Leben lähmenden Frage nach der Art und der Stunde des Todes. Er lenkt auch unseren Blick auf den Ort des Lebens, den heutigen Tag (diem), die jetzige Stunde. Viel besser (ut melius) als das gebannte Starren auf das eigene Ende ist das Erleben-Ertragen-Erleiden (pati) von allem, was kommt (quidquid erit).

Daß dies nicht im Sinne stoischen Gleichmuts zu verstehen ist, erklärt uns Horaz so: Die Schwächung der Lebenskraft (debilitat) durch die von uns zu erleidenden Winter birgt zugleich die Chance zu einer anderen, ebenfalls glückbringenden Lebensform: Wir können klug (weise) werden (sapias). Wir können den Wirrwarr unseres Fühlens sich klären lassen, so wie, durch Tücher hindurch, den Wein (vina liques). Wir können unsere weitschweifende, zügellos-ehrgeizige Hoffnung (spem longam) wie die wuchernde Ranke der Rose zurückschneiden (reseces) und in dem so selbstbestimmt verkürzten Lebenserfahrungsraum (spatio brevi) leben. Dann wird, deutet Horaz an, die Kraft zum Blühen genutzt, statt sich in langen sterilen Hoffnungsranken zu vergeuden.

Diese Blüten des Jetzt, das ist das Geheimnis der Lebenskunst, gilt es dann nicht nur zu sehen, beim sich klärenden Wein im Werden und Vergehen zu betrachten, sondern zu »pflücken« (carpe). Es geht also nicht nur um die Offenheit für den Augenblick, den des schönen Gesprächs mit Leuconoe oder den des Wintergetöses unserer Wellen an den starrenden Felsen. Du mußt nicht nur sitzen und trinken, sprechen und sehen, du mußt dir diesen Augenblick aneignen, sagt Horaz, aneignen mit der Zartheit, mit der man eine Blume pflückt. So spricht er, der nicht mehr wilder Knabe ist, zu Leuconoe.

I 17

Der Dichter erlebt sich in dieser Ode in der Mitte des Friedens und der Fülle seines Landguts vor der Stadt. Die Hitze, der Lärm, der Kampf im sommerlichen Rom ist der nur angedeutete Hintergrund für das pastell-ländliche Bild, es ist das Bild eines Städters auf dem Land, eines Landbesitzers vor der Stadt. Das städtische Leben erscheint als heißer Sommer (igneam aestatem) und als regennasse Winde (pluviosque ventos), als Bedrohung von Schlangen (viridis colubras) und Wölfen (lupos), im zweiten Teil wiederholend aufgenommen als Hundstage (caniculae), als Streit (proelia), als Furcht (metues), als Ungestüm (protervum), Verdacht und Mißtrauen (suspecta), Gewalt gegen Schwächere (male dispari) und als Zügellosigkeit (incontinentis). Demgegenüber empfindet Horaz sich und sein ländliches Leben als verteidigt (defendit), als ungestraft frei und sicher (inpune tutum), verborgen (latentis) und angstfrei (nec metuunt), von Musik und wohllautendem Klang erfüllt (fistula personuere), im zweiten Teil wieder aufgenommen von den Hinweisen auf das zurückgezogen-entlegene Tal (reducta valle), dem leichten lyrischen (anakreontischen) Gesang zur teischen Leier (fide Teia) und vom unschädlich leichten Wein (innocentis Lesbii), den man im Schatten langsam schlürft (duces sub umbra).

Im Mittelpunkt der Ode steht ihre Begründung für den geschilderten und vom Unfrieden abgegrenzten Frieden: Schutz und Frieden und Fülle erlebt der Dichter dank seiner Muse. Es ist nicht nur die räumliche Entfernung von der Stadt und die stille fruchtbare Natur um ihn herum, es ist die Frucht seiner Dichtkunst, daß er vom lärmenden Volk, von den rohen Begierden und Gewalten geschieden ist (Ode I, 1, 29 ff), auch von den eigenen Gewalten wilder Lust und Leidenschaft, von Angst und Zorn. Die Dichtkunst (Musa) ist es, die den Göttern am Herzen liegt (cordi est), eine Dichtkunst, die für das Göttliche offen ist (pietas). Solche Kunst zieht die Götter an, zwingt sie herab, den hohen griechischen Gott Pan in das schlichtere Gewand des italienischen Wald- und Buschgottes Faun, vom griechischen Wolfsberg Lycaeos (seinem Geburtsort) hin zum einfachen Gebirgszug Lucretilis bei Horazens bescheidenem Gut, wo Pan/Faun sich der Ziegen des Dichters schützend annimmt (defendit aestatem capellis), aber auch Täler und Bergwände mit dem Widerhall seiner Flöte erfüllt (personuere). Auch die höchsten Götter (di), von der Kunst des Dichters herbeigerufen, schützen den Dichter, weil sie sein Lied lieben und den Dichter als sich nahe empfinden (Ode I, 1, 30: dis miscent superis). Sie schützen ihn nicht nur defensiv, sie sichern ihn über die Fülle der Natur (Copia ist selbst eine Göttin) und schenken ihm, wie zwischen den Zeilen dieser mittleren vierten Strophe steht, in gleicher Weise auch die Fülle der Gedanken, des Fühlens und des Gestaltens.

Zu einem solchen Ort des Friedes und der erhöhten, verdichteten Menschlichkeit zieht es nicht nur die Götter, sondern auch die Menschen. Der Dichter drückt dies im Bild eines Mädchens aus, dem er anbietet, mit ihm die Stille und die Fülle zu teilen, sie teilhaben zu lassen an seinen Gesängen (et fide Teia dices), an seinen leichten, gewaltfreien Freuden (ausgedrückt im Bild des harmlosen lesbischen Weins, innocentis pocula Lesbii, und des langsamen Schlürfens im Schatten, duces sub umbra). Die Insel des Friedens zieht Friedensuchende an, die Fülle der geistigen Tätigkeit die hierfür Aufgeschlossenen. Der Dichter erscheint fast als Wohltäter, der seinen Reichtum nicht allein genießen möchte. Doch ist auch er angewiesen auf die Nähe nicht nur der Natur und der Götter, sondern auch der Menschen, darauf, seine Gedanken, sein Fühlen zu teilen mit einem anderen Menschen.

In seiner Fluchtburg am Ende des Tales (reducta valle) sehnt sich der Dichter zugleich nach dem Besuch aus der Stadt. Deswegen gestaltet er den zweiten Teil seiner Ode als Einladungslied, nach der Art der Epigramme, mit denen der Gastgeber den Gast einlädt, wobei er ihm die Fülle der Gaben, die Schönheit des Weins und die Freuden des Gesangs ankündigt. Gemeinschaft und Austausch der Lieder (nicht nur der Dichter trägt vor, auch Tyndaris soll singen) erst machen dem Horaz das Füllhorn wirklich voll, er bedarf ihrer. Er nennt Tyndaris schon vor dem Preis der schützenden Götter, vor dem Preis des Füllhorns. Er fügt ihren Namen zärtlich ein in die süßen Flötentöne des Faunus (dulci, Tyndari, fistula), denen er die Worte gibt, und rahmt den Preis der Fülle in der übernächsten Strophe wieder ein mit dem Gesang der Tyndaris für ihn.

Wie gelingt diese schwebende Gemeinschaft, die unschuldig (innocentis lesbii), verhalten (duces sub umbra) und ohne Tadel (inmeritamque vestem) sein soll, nicht etwa aus Gründen des Anstands und der Sitte, sondern weil für diesen Dichter eine solche Gemeinschaft Bedingung, aber auch Grenze für die Fülle der Musen ist? Der Dichter deutet diesen heiklen Gedanken und seine prekäre Lösung an, wenn er seinen Gesang und den der Tyndaris beschreibt. Wie Pans süßer Flötenklang ist seine Muse dazu bestimmt, in die Weite zu gehen, in Tälern und an glatten Bergwänden widerzuhallen. Seine Lieder sind nicht für ein einziges Gegenüber bestimmt, sondern für die Vielzahl derer, in denen sie, weil sie ähnlich fühlen, widerhallen.

Tyndaris' Lied handelt dann von dem Dreiecksverhältnis zwischen Penelope, Circe und Odysseus, davon, daß um einen Mann sich zwei liebende Frauen leidend bemühen (laborantis in uno). Spiegelbildlich gibt dieses Lied die Lage von

Tyndaris selbst wieder, die von Cyrus ungestüm begehrt und vom Dichter gerufen wird, gerufen mit erotischen Klängen und Zeichen: Pans Flöte umwirbt Tyndaris (Tyndari zwischen dulci und fistula), sie kann als Symbol auf der Seite des Dichters verstanden werden, ebenso wie die Täler (valles) und die hingelagerte Ustica (Usticae ... cubantis) mit ihren nackten Felswänden, die von der Flöte Klang bewegt werden (levia personuere saxa), ein Bild für Tyndaris sein können. Die letzte Zeile deutet dann aber, wenn sie ernstgenommen werden dürfte, an (inmeritamque), daß die Gemeinschaft mit dem Dichter wohl eine (gegenüber Cyrus) unschuldige sein und bleiben wird, harmlos (innocentis) wie der lesbische Wein, den beide im Schatten trinken. Doch ist die Liebe Schuld, bringt sie Harm? Ein sicheres Dementi ist das nicht.

Glauben wir ihm, so gibt dieses Bild von Liebe und Verzicht in umgekehrter Reihenfolge wieder, was der Dichter als Folge seines Rückzugs auf das Landgut, seiner Flucht vor der Hitze des Sommers, des Hundssterns, beschreibt: Die Fülle ist nicht zu einfachen Bedingungen zu haben, sondern nur nach Trennung und Rückzug. Sie bedarf aber der Nähe, des Zaubers von Göttern und Menschen. So ist unsere Ode eine glückliche Aufnahme, ein geglückter Augenblick der Leichtigkeit in einem schwierigen Leben.

Ein Kunstwerk des Gedankens, ein Meisterwerk der Form. Vielfach gepriesen wurde die Spiegelbildlichkeit der um die vierte Strophe kreisenden ersten drei und letzten drei Strophen. Faun wechselt (mutat) oft und schnell von weit her, so wie Tyndaris von Rom aus (von Cyrus) kommen (und dann dahin gehen) soll. Das straflose Suchen der vom Wege abgekommenen (deviae) Ziegen nach Erdbeerbüschen entspricht den Abstechern des Mädchens in das verborgene, entlegene Tal. Die Ziegen werden spöttisch als »Gattinnen« des stinkenden Bocks beschrieben (sie sind selbst nur Ziegen), in dem man einen Hieb auf den brünstigen und wütenden Cyrus bemerkt, obwohl Horaz einräumen muß, daß Tyndaris sogar diesem von Geburt nicht ebenbürtig ist (Doppelbedeutung von dispari). Die grün-kräftigen Schlangen (viridis; der Nebensinn liegt auf der Hand) und die Wölfe des Mars tun den Zicklein kein Unheil an, so wie Mars und Bacchus im stillen Tal keinen Streit anzetteln werden. Die Tiere werden vor Hitze (aestatem) und Regenwind (pluviosque ventos) beschirmt so wie Tyndaris vor Cyrus' Leidenschaft und vielen Tränen.

Tyndaris' Besuch ist angenehm und hilfreich, sie wird auf die Fülle der Natur verwiesen, sie soll teilhaben an der Götternähe des Dichters – und sie wird zurückkehren zu Cyrus. Wird sie – wie Pan – rasch (velox) und oft (saepe) wiederkommen, wieder zum Dichter wechseln (mutat)? Ist das »inmeritamque« doch ironisch (tongue in cheek) geschrieben, oder meint es nur, daß Tyndaris sich beim göttergeschützten Dichter gegen Cyrus nicht versündigen kann? Der Ruf zum Maß, zur Einfachheit, zur Musen- und Götternähe bleibt davon unberührt.

I 20

Maecenas hat sich bei Horaz angekündigt. Dieser schreibt ihm ein Gedicht über den Wein, den der hohe Gast zu trinken bekommen soll (Sabinum, nicht: Caecubum, Caleno, Falernae, Formiani), über die Gefäße, in denen er aufbewahrt (Graeca testa, also Amphoren, möglicherweise schon einmal für griechischen Wein benutzt), aus denen er getrunken wird (modicis cantharis, einfache doppelhenklige Becher). Andeutungsweise ist dies auch ein Gedicht über die Stellung und das Leben, über das Verhältnis des Gastgebers zum Gast.

Als Maecenas im Theater erschien und von der Menge umjubelt wurde (cum tibi in theatro plausus datus), wie es sonst nur dem Kaiser zustand, war Horaz nicht zugegen. Der Dichter verblieb auf dem Land, auf seinem sabinischen Landgut.

Während Maecenas für sein tätiges Leben die Stadt benötigt, in der er berühmt (clare) ist, in der ihm Lob erschallt, willkommenes Echo, aber auch notwendige Anerkennung für einen politischen Mann, können die Gedichte seines Freundes nicht in der Stadt, in der Menge entstehen. Der Dichter benötigt für seine Arbeit die Stille des Landes, kein Echo von Menschen, wohl aber die Zuneigung des Maecenas.

Während Maecenas im Gemeinwesen, mit und über und für viele tätig ist und sich mit ihnen verbindet, was durch die Bilder des Theaters mit seiner jubelnden Masse und des sich vermischenden Echos und durch das Bild der vielen edlen, oft nur zur Verfeinerung beigemischten »Weine«, an die Maecenas gewöhnt ist, ausgedrückt wird, ist der Dichter allein. Sein Dichten benötigt nur ihn selbst. Er muß allein und eigenhändig tätig werden, schön ausgedrückt im Bild des Gastgebers, der selbst (ego ipse) unvermischten Sabiner Wein in die Amphore einfüllt und verschließt (levi).

Während Maecenas für seine Wirksamkeit auf die Anerkennung seiner edlen Herkunft (clare eques) aus der etruskischen Königsfamilie angewiesen ist, was der Dichter im Bild des Echos andeutet, das von den Ufern des Tiber zurückgeworfen wird, also von den Ufern des aus Etrurien, dem Land der etruskischen Ahnen (paterni fluminis ripae), stammenden Flusses, schämt sich Horaz seiner einfachen Herkunft ebenso wenig wie seiner einfachen Weine. Das Medium des Dichters ist seine Kunst, was für Horaz Einfachheit, Klarheit, Ausdruck der Wirklichkeit bedeutet: Sein »Sabiner Wein« soll einfach sein (vile). Der Wein des Dichters wurde von ihm für Maecenas in einem griechischen Tonkrug (Graeca testa) abgefüllt, so wie seine Poesie in die Form der griechischen Lieder.

Das Gedicht spricht von Bescheidenheit. Es ist aber auch diskret von einer zarten Zuneigung des Dichters getragen, die nur wie ein Funken aufleuchtet in dem Bild, daß Horaz aus Freude über den Beifall für seinen Gönner und Freund (vielleicht auch – im Gedicht nicht angedeutet – über dessen Genesung, Ode II, 17, 25) noch in der gleichen Stunde ihm eigenhändig einen einfachen Wein (vielleicht ein horazisches Gedicht) bereitet hat. Diese Zuneigung ist köstlich, weil sie wahrhaftig ist, weil sie dem Schmerz der Distanz nicht ausweicht, weil sie die Unterschiede nicht verwischt und die Grenze nicht zu überschreiten versucht. Die dritte Strophe macht dies deutlich (tu bibes – mea (non) temperant). Horaz sagt nur: Es ist uns gegeben, daß jeder in seinem Tätigkeitsbereich verbleibt. Unsere Freundschaft setzt voraus, daß jeder das bleibt, was er ist, in der Unterschiedlichkeit aber für den anderen freundlich, persönlich (eigenhändig) bereit ist.

I 22

Eine Ode an Aristius Fuscus, den Grammatiklehrer und Komödienschreiber, den vertrauten Freund mit dem düsteren Namen (Fuscus = dunkel, schwärzlich, dumpf) und dem hellen, klaren Verstand, für einen, der die Ironie liebt, der aber auch zuhören kann und der versteht. Eine Ode, die auf zwei Ebenen interpretiert werden kann und die daraufhin angelegt ist. Ein durch Übertreibungen gekennzeichnetes Spottgedicht auf die von den Alten behauptete Sicherheit des moralisch Reinen und zugleich, verdeckt und geschützt von dieser Primärschicht, eine ernstgemeinte Ode, in der die Leichtigkeit, die innere Sicherheit des Liebenden und des Dichters inmitten monströs überzeichneter Gefahren mit den Mitteln der Dichtkunst angedeutet, dementierbar besungen wird.

Die erste Ebene liegt wegen der offenkundig übersteigerten Gefahren offen zutage, die zweite läßt sich nur als möglich nachweisen. Nur sechs bis sieben der 24 Zeilen enthalten den denkbaren positiven Teil der Aussage: daß es dem Dichter tatsächlich (und nicht nur zum Spott über Catull, den er zitiert) um den unberührt Lebenden, vom Verbrechen Reinen (die Beziehungsworte in Zeile 1 sind austauschbar) geht, der seine Grenzen sorglos dichtend und singend überschreitet (Zeile 10/11), der seine Liebe der lachenden plaudernden Freundin (ridentem loquentem) zuwendet in einer heiteren Nähe, die das Wesen des Mädchens, dessen schon im Namen (Lalage = Plauderin) angedeutete Plauderhaftigkeit, zuläßt.

Welche Funktion haben in bezug auf diese zumindest mögliche, zarte positive Aussage die Übernahme der hergebrachten Sprachbilder (Liebende und Dichter stehen unter besonderem Schutz, gerade auch bei Gefahren und Reisen in ferne Lande), die übertreibende Darstellung der äußeren Gefahren, die pompöse feierliche Redeweise? Kann auch darin (nicht nur in den wenigen Zeilen der positiv deutbaren Aussage) mehr gesehen werden als eine Satire, Persiflage, Ironie (wie sie das angelsächsische Ohr anspricht)?

Es könnte sich um eine homerische Spottrede handeln, gehalten im Augenblick einer überwundenen Gefahr (Wolfsbegegnung), noch im Bewußtsein der Gefährlichkeit der Lage, wie man sich manchmal über etwas lustig macht, das zur Lösung der inneren Anspannung verhöhnt, was man noch fürchten muß. Die Monstrosität der Gefahrenbilder, die sicherlich untrennbar zu der möglichen positiven Aussage gehört, könnte aber auch die Funktion haben, eine zarte verletzliche Aussage zu beschützen (das Gedicht handelt von der Entbehrlichkeit der üblichen Schutzmittel), den schönen Gedanken vor dem plumpen, direkten Ausdruck zu bewahren, seinen nur augenblicklichen Bestand zu sichern, ihn vor der Flucht zu bewahren, obwohl er angesprochen wird, so daß er wie ein scheues Reh in die Lichtung treten kann und dort für den Moment verweilt. Aber der Gedanke der Liebe zu Lalage wird doch ganz unspöttisch und ungeschützt ausgesprochen.

Wenn es nicht nur Spott und Schutz sind, dem die verwendeten Bilder ihre unmäßige Verzerrung verdanken, so könnte es die innere Lage des Liebenden und des Dichters sein, die beschrieben wird, eine Lage, die vom Ich nie objektiv, sondern durch das Megaphon des eigenen Gefühls verstärkt, verzerrt zum Ausdruck gebracht wird, nie auf der sicheren Seite, ständig in Gefahr, von Unmut oder Zorn, von unmäßiger Lust oder Verzweifelung überrannt zu werden. Es handelte sich dann um die mit Bildern der Außenwelt ausgedrückten inneren Gewalten, das Wovon der gewünschten Freiheit und der Leichtigkeit, das, was als Zerstörungskraft in Fuscus, Lalage und Horaz vorhanden ist, aber durch Liebe und Sprache einmal zum Schweigen gebracht, vorerst in die Flucht geschlagen wird, so daß man darüber lächeln und sprechen kann.

Lassen wir uns auf diesen Gedanken ein, so beobachten wir schon in der *ersten Strophe*, in der ersten Zeile, wie das Leben und das Verbrechen gemeinsam als Innenwelt einer Integrität und Reinheit beschrieben werden (integer und purus rahmen vitae und scelerisque ein). Eine von äußerer Unberührtheit umschlossene, von außen befriedete Innenwelt, von der der Umfriedung aber ganz andere (die eigentlichen) Gefahren drohen als von der Außenwelt. Gegen die inneren Gleichgewichtsstörungen helfen dem Friedliebenden keine Waffen (mauris iaculis, arcu, venenatis sagittis gravida pharetra), noch weniger als gegen die äußeren Gefahren, die auf einer ganz anderen Ebene angreifen. Nach außen, erst recht aber nach innen gewendet, wäre es sogar gerade mit der Art des Friedens unvereinbar und würde ihn (schon ohne Angriff) zerstören, wenn er sich bewaffnen würde, besonders natürlich mit den aktiven Waffen des Angriffs (mit Wurfspeeren, Bogen, vergifteten Pfeilen). Zur Integrität und Reinheit nach außen und nach innen gehört die Waffenlosigkeit, die Verletzlichkeit schafft, aber auch Schutz bietet, weil sie entwaffnet. Der Integere und von Verbrechen Reine weist die Waffen nicht emphatisch zurück, er »bedarf ihrer nicht« (non eget), er macht sich fast über sie lustig (übertriebene Beschreibung der »maurischen« Speere und der »vergifteten« Pfeile, von denen der Köcher »schwanger« – gravida – ist). Horaz beschreibt sie als Werkzeuge einer barbarischen, fernen Welt, dem Weisen und Lebenskundigen fremd.

Versuchen wir anhand der ersten Strophe den Gedanken weiter, daß es Horaz hier nicht um die Abwehr der genannten äußeren Gefahren für die Friedenshaltung des Liebenden und des Dichters geht, sondern um die Gefahren, die aus dem Inneren hervordringen: Gegen diese empfiehlt der Dichter eine besondere Art der Waffenlosigkeit, die sich in der ersten Strophe im Verneinen zeigt, in der Enthaltsamkeit von Berührung (intango), einem sich von Untaten Fernhalten (scelerisque purus), was zwangsläufig einen Rückzug aus der Tatenwelt überhaupt voraussetzt, an deren Stelle aber, wie wir sehen werden, ein Handeln und eine Haltung anderer Art treten müssen.

Der Götterschutz für den unberührt Reinen, Waffenlosen, Nicht-Angreifenden versagt auch unter extremen Bedingungen nicht. Die *zweite Strophe* scheint sich zunächst unserem Konzept (innere Gefahren) zu sperren, denn sie beschreibt äußere Gefahren. Sie besagt zunächst: Die Friedenshaltung kann auch durchgehalten werden, wenn die Lebensreise durch Dürrezonen (die Sandwüste der Großen Syrte, durch die Cato d. J. seine 10.000 Mann in 30 Tagen über 700 km geführt hat), durch beschwerliche, unwirtliche Gebirge oder gefährliche Flußtäler geht (am Hydaspes im Punjab siegte Alexander 326 v.Chr. gegen Porus). Gerade dort, wo die beschriebenen Waffen zu Hause sind und eingesetzt werden (Mauris iaculis-Syrtis; arcu-Caucasus; venenatis sagittis-Hydaspes), »bedarf« der Integre und Reine (der Stoiker Cato d.J. und Juba I schieden im Jahre 46 in der Nähe der Syrten lieber freiwillig aus dem Leben, als sich Caesars Gnade zu übergeben), der Dichter und der Liebende ihrer nicht, wie Horaz in frohlockender und zugleich spöttischer Übertreibung betont. Wir denken an seine eigene Lage im schattigen Hain von Sabinum. Will er zum Ausdruck bringen, daß er auch im lärmerfüllten aggressiv-diesseitigen Rom seiner Art treu bleiben will, die mit ihrer Waffenlosigkeit (aber wohl auch ihrem Spott) entwaffnet und spürbar unter dem Schutz der Götter steht (di me tuentur, dis pietas mea et musa cordi est, Ode I, 17, 13)? Auch dann ginge es jedoch nur um die Abwehr einer Gefährdung von außen.

Wir sind jedenfalls nicht überrascht, daß in der Strophe 3, also am Beginn des zweiten der drei Sätze, aus denen die Ode besteht, das Sabinerland erscheint, damit auch das geliebte Landgut, Zuflucht und Bedingung für die Dichtkunst des Horaz. Er sagt nach dem leiser werdenden, erklärend-belehrend-begründenden »namque« ausdrücklich, was sein Freund Fuscus und wir schon im ersten Satz (Strophen 1 und 2) verstanden haben: Der Dichter ist, auch wenn er Grenzen überschreitet (ultra terminum vagor), der Waffen nicht bedürftig (inermem).

Hier erscheint aber (in Verbindung mit dem Sabinum nicht zufällig) der Grund dafür, warum die Waffenlosigkeit genügt: Der Dichter hat andere Waffen, er steht unter einem anderen Schutz. Es geht bei dem spöttischen Zitat von Catull in den Strophen 1 und 2 nicht um die von jenem für sich selbst behauptete moralische Integrität und Reinheit, also um das Erscheinungsbild des Dichters nach außen, gegenüber der Menge und ihren Normen, sondern – so läßt es sich verstehen – um sein Bestehen gegenüber den inneren Gewalten, denen er ausgeliefert ist. Das Überschreiten der Grenze wird als ein »sorgloses Streifen« (curis vagor expeditis), ein spielerisches, dem Unbewußten vertrauendes Gehen in Neuland hinein beschrieben, während der Dichter ein Lied für Lalage singt oder spricht (canto), das wohl gerade so aus ihm entsteht, wie er wandert: ohne zupackendes, gezieltes, aggressives oder defensives Handeln, mit Leichtigkeit, fast von selbst, wenn auch durch bewegtes Wandern und mit Hilfe der Musen hervorgerufen.

Wem hätten die Sorgen gelten können, von denen Horaz sich

frei fühlt (curis expeditis), wären es Sorgen gewesen, die beim Überschreiten der Grenze erst auftauchen, oder solche, die er im Überschreiten der Grenze hinter sich läßt? Den Wolf, der vor ihm flieht, müssen wir ihn wirklich als eine lächerlich zum Überlöwen übertriebene (*Strophe 4*) äußere Gefahr verstehen, oder deutet die überzeichnete Beschreibung des Tieres nicht gerade darauf hin, daß es um die von der Friedfertigkeit des Dichters in die Flucht getriebene Leidenschaft geht, um das reißende Tier in uns, das der Wehrlosigkeit des kreativen, grenzüberschreitenden, singenden und dichtenden Menschen nicht standhalten kann? Beide Aussageebenen scheinen mir vom Dichter gewollt.

Daß wir den »Wolf« auch im zweiten Sinne deuten dürfen, wird bei einer Rückblendung von der Strophe 4 auf die Waffen in Strophe 1 und die gefährlichen Reisen in Strophe 2 deutlich: Den maurischen Wurfspeeren (Strophe 1) und der Reise durch die heißen Syrten (Strophe 2) entspricht bei der Beschreibung des Wolfs das Reich Jubas (hier: Jubas II, der über das heutige Algerien und über Mauretanien herrschte und über die Löwenjagd schriftstellerte). Auch der Kaukasus (Bären) und der Hydaspes (Tiger) sind als Orte wilder Tiere bekannt. Wenn der Wolf, der gewaltiger ist als die Löwen der Wüste, ein Bild für die Leidenschaften des Menschen ist (in burgundischen Kapitellen ist der Löwe ein Symbol hierfür), dann meinen auch die Waffen den Schutz vor diesen »wilden Tieren«, den Leidenschaften (Strophe 1), und zwar bei Erfahrungen (Reisen), die sie hervorzurufen geeignet sind (Strophe 2). Wir können daher die Feststellung wagen, daß sich, wie nicht selten bei Horaz, in der Mitte des Gedichts, am Ende der 3. Strophe und am Beginn der 4., folgende positive Aussage findet, das, was der Dichter seinem Freund sagen will: Liebe, Muße und dichterische Arbeit, Öffnung und Überschreitung der Grenzen (und zwar der eigenen Grenzen) vertreiben das innere Unheil und führen den Frieden herbei.

In einem lockeren Abgesang, in den zwei Bildern der *Strophen 5 und 6*, beschreibt der Dichter dann noch die Art der Angriffe (wir bleiben dabei: des Innern), gegen die er sich auf diese Weise erfolgreich wehren kann. Das zweimalige »pone« zeigt, daß er diesen Lagen ausgesetzt wird, ohne sie steuernd vermeiden zu können. Es sind einmal die (von der arida nutrix angekündigte) Schwermut und Einsamkeit, ausgedrückt im Bild der unfruchtbaren nebeligen, vom bösen Wetter wie vom Zorn des Zeus heimgesuchten Landstriche des Nordens (mit dem eingerahmten »ubi nulla«), die kein leichter Sommerlufthauch erquickt und belebt. Es ist zum anderen der (von Jupiter urgens angekündigte) Gluthauch der zu nah kommenden Leidenschaft, ausgedrückt in dem gefährlich nah heranrollenden Wagen der Sonne, unter dessen Räder der von den Leidenschaften Heimgesuchte gerät (sub curru nimium propinqui solis), wo kein Haus kühlen Schattenschutz gewährt, wo kein Verweilen möglich ist (in terra domibus negata).

In beiden äußersten Lagen des Innern rettet sich der Dichter, indem er seine Grenze überschreitet, die Grenze zu einem Menschen: Er lauscht dem Plaudern der Lalage (der Plauderin), auch dann, wenn dieses Plaudern mit seiner Zerrissenheit nichts zu tun zu haben scheint. Er geht nicht angestrengt über diese Grenze, sondern mit einer in schwebender Beziehung zur eingangs gelobten Integrität und Reinheit stehenden Liebe (amabo als Zukunft), sorglos, mit Leichtigkeit, und Lalage lächelt.

I 25

Eine Ode, die verschiedene beliebte klassische Liedthemen verwendet: Die Steinwürfe der Liebhaber an die Fensterläden der Geliebten, den vor dem Fenster erfolglos singenden Liebhaber im kalten Nachtwind (paraclausithyron), die im Altertum (leider) übliche Verspottung und Verhöhnung der altgewordenen Hetäre. Diese wohlbekannten Bilder werden von Horaz aber in eine Reihenfolge gebracht, die in sich steigernden Schritten von der Gegenwart in die Zukunft das Ende des erfolgreichen Liebeslebens von Lydia beschreibt und vorhersagt. Offen bleibt, ob diese Warnung Lydia bereit und gefügig machen soll, ob sie zu einer Änderung des einschlägigen Lebens raten will oder nur den in der letzten Strophe hervortretenden Realismus im Verhältnis zwischen Jugend und Alter von der Möglichkeit eines sich am Leben und an der Liebe Festklammerns abheben möchte.

Ein Gedicht, das hinter seinen spöttischen, bitteren und drohenden Worten an Lydia zugleich etwas über den sagt, der die Ode als einer schrieb, der sich mit den geschilderten Tatsachen, die eine Verzweiflung rechtfertigen, mit ironischem Lachen abgefunden hat. Wir denken unwillkürlich an Zeuxis, der, als er eine alt und häßlich gewordene Dirne malte, so vom verzweifelnden Lachen gepackt wurde, daß er daran starb (ein Selbstbildnis von Rembrandt im Wallraf-Richartz- und Ludwig-Museum zu Köln zeigt den alternden, sich in den Tod lachenden Maler in altbrauner Farbe bei fast geschwundenem Licht).

Wer dennoch die Ode wegen ihrer scharfen und derben dritten und vierten Strophe rasch aus der Hand legen möchte, mag sich erst einmal bei dem Gedanken beruhigen, daß die Gegenwart, die Zeit, in der Lydia angesprochen wird, die der beiden ersten Strophen ist, in der sie noch auf dem Höhepunkt ihrer Beliebtheit, ihrer Begehrtheit steht und in der sich nur erste Zeichen einer vom Dichter ebenso wie von Lydia als bedrohlich und erschreckend empfundenen Zukunft (Strophen 3 und 4) zeigen. Es ist nicht sicher, daß Lydia sich so verhalten wird, daß es ihr so ergehen wird, wie es in den Strophen 3 und 4 beschrieben ist. Die Fortsetzung der Liebesstraße, auf der sie, die erfolgreiche Hetäre, noch fährt, könnte nur in diese Niederungen führen: Wer im Alter die Jugend spielen will, nicht dem Alter Gemäßes will, widersetzt sich der Natur, er macht sich lächerlich, setzt sich der Verachtung aus, muß das Alter als Winter empfinden und wird als raschelndes Laub dem Gesellen des Winters, dem kalten Eurus-Wind, überlassen. Die harten Worte der 3. und 4. Strophe sind sicherlich für unsere Ohren »starker Tobak«. Der Dichter stellt sie aber bewußt in einen scharfen, überraschenden Gegensatz zu der eher erheiternden, nur leicht melancholischen Szene in den ersten beiden Bildern, um die Tür zum Nichts aufzustoßen, dem man nicht im wilden Aufbegehren und in verzweifelter Jagd nach der Jugend zu entrinnen versuchen sollte, sondern dem es ruhig ins Auge zu sehen gilt (Strophe 5). Dieser hier nur angedeutete, typisch horazische Gedanke balanciert im Hintergrund der Strophe 5 die beiden gegensätzlichen Strophenpaare 1-2 und 3-4 aus. Die 5. Strophe wirkt zwar wie ein Ausklang des Thrakerwindes in 3-4, in Wirklichkeit aber sagt sie nur die einfache, klare Wahrheit, der nicht zu entrinnen ist, die man aber (dies bringt Horaz hier nur negativ zum Ausdruck, die nächste Ode spricht diesen Gedanken aber positiv aus) bejahen kann.

Die beiden ersten Strophen zeichnen zunächst ein nur leicht angebrochenes (parcius = spärlicher) heiteres Genrebild: Lautmalend (*P*a*rc*ius iun*ct*as *quat iunt* fenes*t*ras ia*ct*ibus *cr*ebris) werden die Steinwürfe ungestümer junger Männer (iuvenes protervi) an die Fensterläden von Lydia beschrieben, ein Bild für das erotische Drängen der »Steinewerfer«. So schnell, wie einst die Steine flogen (iactibus crebris), verstärkt sich aber auch die Abschiedsstimmung. Nicht nur die Steinwürfe werden weniger, die Werbung wird schwächer, überhaupt wollen die Jungen Lydia nicht mehr in erwünschter Weise den Schlaf rauben (lautmalend: so*mn*os adi*m*u*n*t). Spöttisch, und ebenfalls in einem erotischen Bild, wird die Pforte, ein Bild für Lydia (ianua heißt auch Öffnung, Eingang, Zugang), als Beischläferin (amatque) der verschließenden Schwelle (limen) beschrieben, ein Beischlaf mit dem begrenzenden Ende.

In der zweiten Strophe wird die drohende Einsamkeit weiter verstärkt durch den Gegensatz zwischen dem fortgeführten Bild der Pforte, die jetzt ein festes Verhältnis mit der Schwelle hat (wie Lydia – ohne Besucher – zum Haus), und der Erinnerung daran, daß sie sich früher viel und sehr leicht (Doppelbedeutung von multum) geöffnet und die Angeln, viele »Angeln« (dritte Spielbeziehung von multum), leicht (weil sie wollten) »bewegt« hat. Der gleiche Gegensatz zwischen dem drängenden »minus et minus iam« und dem früher zu hörenden beschwörenden Liebesseufzer der jungen Herren, die Lydia nicht alle erhören konnte, vielmehr zum Teil draußen im kalten Wind stehen lassen mußte.

So angekündigt, aber doch überraschend bricht nun in der dritten Strophe die düsterste Vorhersage herein, eine Fortsetzung und ein Gegenbild zur heiteren Zeichnung der unerhört gebliebenen Liebhaber früherer Zeiten, in der Horaz die seinen Zeitgenossen bekannten, geschmacklosen Altenverspottungen und -beschimpfungen der Griechen übernimmt, jedoch in lyrischer Verfeinerung und letztlich mit spöttischer Distanzierung (non sine questu). Parallelen und Gegensätze finden sich in Fülle: Statt der ungestümen Jugendlichen (iuvenes protervi) kommen nur noch häßliche, ältere Freier (moechos) in Betracht, selbst diese wenden sich aber hochmütig (arrogantis) von der Alten (anus) und ihren häßlichen Diensten ab, die (welch komprimierte Aussage in der Zeile 9!) in dem verlassenen Gäßchen (in solo angiportu) weint, weil sie mißachtet (levis) wird. An die Stelle des vor dem Fenster rufenden Liebhabers (Strophe 2), der (dies gehört zum klassischen Bild) den Winden ausgesetzt ist, fegt nun der kalte Thrakerwind immer stärker (magis) daher und erfaßt Lydia (er übernimmt die Rolle der früheren feurigen Liebhaber, denn er wird in einem Gegensatzbild als bacchante = liebestoll beschrieben), während der Mond sich zum Neumond verfinstert (im Altertum war es eine bekannte Regel, daß bei Neumond die gefährlichen Winde aufkommen; dies ist zugleich ein Bild für den abnehmenden Glanz von Lydia). Lydias Liebe und Lust (amor wird gewissermaßen nur in Anführungszeichen neben libido genannt) hält an, nimmt aber eine häßliche Gestalt an, wird dem Trieb der Tiere verglichen, wirkt, ohne Einbettung in die schöne Jugend, als tierische Raserei (furiare, saeviet), bei der sich Lydia zugleich übernimmt, da ihre Leber (nach Auffassung der Antike der Quell der Liebeslust) geschädigt ist, sei es von früherem leichten Lebenswandel, sei es davon, daß der Rest dieses Lebenswandels heute nicht mehr zu ihr paßt, sei es aus Ärger über die Einsamkeit. Wahrlich ein Bild »nicht ohne Jammer« (non sine questu), wie der Dichter, sich abwendend, lakonisch bemerkt.

Die auf ein Abschiednehmen, Einsamerwerden hin laufenden Fäden des Heute und die künftigen Schrecknisse eines diesen Wechsel (in vicem) nicht wahrhaben wollenden Lebens werden aufgefangen, vor das Nichts gestellt und damit zu einer gewissen Ruhe gebracht in der fünften Strophe, die das Zukunftsschreckensbild abzuschließen scheint (die trockenen Blätter, aridas frondes, als Bild für die Alte, anus; Eurus als Fortsetzung des Thrakerwinds; Winter, hiemis, als Fortsetzung des Neumonds, interlunia), aber doch zugleich auch den heiteren Ton des Beginns übernimmt: Die Welt, die Liebe gehört der Jugend, der glücklichen, im frischen Grün ihrer Liebeskraft stehenden Jugend (laeta pubes), dem für die jungen Männer stehenden hellgrünen Efeu (Andeutung von vir in virenti) und der die Mädchen kennzeichnenden dunklen Myrte (Andeutung von puella in pulla; der Myrthenkranz wurde schon damals von den jungen Bräuten getragen). Der Gefährte des Winters und der Altersjahre (Doppelbedeutung von hiemis) ist der Wind, der die Blätter von gestern davonträgt. Die Jugend überantwortet (dedicet) sie ihm, das Alter ist auch aus der Sicht der Jugend dem Vergehen, Verwehen bestimmt, die jungen Blätter nehmen die Stelle der verdorrten ein.

Wären nicht die unser Empfinden beleidigenden Strophen 3 und 4, die Ode müßte noch heute in hohen Ehren stehen. Sie fügt eine Reihe von bekannten Motiven in zwei parallel aufgebauten Strophengruppen durch eine Steigerung der drohenden Entwicklung vom ersten in den zweiten Teil zusammen und zieht den Knoten der Aussage in der letzten Strophe fest. Der durchgehend spöttische, teilweise aggressive Ton weicht in der Mitte (flebis-vento) für einen Augenblick einem ernsten, melancholischen, lyrischen Realismus.

Die Ode gehört zu den technisch ausgefeiltesten des ersten Buchs. Auf einige Details haben wir schon hingewiesen. Der Hagel der Steine an den verschlossenen Fenstern und die ungestüm drängenden Jugendlichen werden durch eine Anhäufung harter Konsonanten, das spöttische Gegenbild des Liebesverhältnisses der früher beweglicheren Pforte zur Schwelle durch viele weiche Konsonanten angedeutet (so*mn*os adi*mun*t a*m*atque ia*n*ua li*m*en, quae prius *m*ultu*m* facilis *m*ovebat). Die Pforte, die die Schwelle »liebt«, entspricht den Jünglingen (*iu*venes ... *ia*nua ...), die (früher) nach heftiger Liebe (iactibus crebris) und schlafraubendem Bleiben still bei ihrer Schönen lagen.

In der zweiten Strophe kommt das aufgewühlte Durcheinander des Seufzenden vor der Tür in dem kunstvoll verwirbelten »me tuo longas pereunte noctes« zum Ausdruck. Das »pereunte« zwischen »longas« und »noctes« deutet die verlorene Nacht an und leitet ebenso wie die Frage, ob Lydia (ganz gefühllos) schläft, über zur (gefühllosen) Arroganz der Freier in der nächsten Strophe.

Dort (in Strophe 3) verdichten sich die lautmalenden und Doppelsinn tragenden Worte. »In vicem« deutet die Vergeltung (vices superbae = Strafe des Hochmuts) an und das Laster (vitium) und steht in Sinneinheit zu den Freiern (wörtlich: den Ehebrechern moechos), die wiederum für ältere Männer (im Vergleich zu den jugendlichen) stehen und zu dem Ausdruck

»anus« überleiten, der sie vielleicht ebenso kennzeichnet wie die als alt gedachte Lydia. Daß »anus« zwischen »moechos« und »arrogantis« steht, zeigt, daß Lydia zwar mitten unter den ehebrecherischen Freiern steht, daß aber nicht einmal diese sie beachten. Ebenso steht »levis« zwischen »in solo« und »angiportu«: Mitten in dem inzwischen von den Freiern verlassenen Gäßchen (ein Symbol für Lydias Lage) steht sie als Verachtete (levis, für zu leicht Befundene). Daß Lydia wegen dieser Verachtung weint, drückt der Gleichklang zwischen »flebis« und »levis« aus, daß ihre Verlassenheit sie beklemmt, kommt in dem Wort »angiportu« zum Ausdruck (angere = beklemmen, ängstigen, beunruhigen, quälen), das wiederum, nun bitter, das spöttische Bild von der Liebe der Pforte zur Schwelle anklingen läßt. Das herzzerreißende Unglück Lydias wird im Rhythmus-Schnitt mitten durch »bacchan/te« und in der Worttrennung »inter-lunia« deutlich, das Heulen und Singen des Windes wird im »i*n*terlu*n*ia ve*n*to« hörbar.

In der 5. Strophe wird die »laeta pubes« durch Lautmalerei (hede*r*a vi*r*enti – pulla *ma*gis ... *my*rto) und Sinnanklänge (virenti – vir; pulla – puella) in Jünglinge und Mädchen unterteilt, zugleich wird der Rhythmus durch Gleichklänge unterstützt. Im Schlußbild sind die trockenen Blätter (a*r*idas *fr*ondes) schon durch das »r« dem Eu*r*us zugeordnet. Daß die Blätter mit dem Wind davonwehen, wird durch die verwirbelte Lautentsprechung in »*arida* fr*o*nd*e*s« und »hiem*i*s *s*od*ali*« poetisch ausgedrückt.

I 26

Dem Musenfreund, dem Dichter, sind Traurigkeit und Ängste (tristitiam et metus) naturgemäß und nah (tradam = Futur). So wie das Zittern und Beben (metuatur, terreat) der Untertanen kleiner Könige und benachbarter Herrscher (quis rex, Tiridaten) im Norden (sub arcto), am kalten Ufer des Schwarzen

Meers (gelidae orae), an der Grenze zu den Parthern, eine unverständliche Angst ist, die römischen Politikern wie Lamia ständig Sorge bereitet, ohne daß die Sorge dem weit entfernten Grund angemessen wäre, so ist auch der Zustand des Dichters von der unbegründet erscheinenden Melancholia der fehlenden Kraft (Gegensatz zu protervis ventis), der Leere, der Unfähigkeit zum ausdrucksvollen Sprechen (nil ... mei prosunt honores) geprägt, von der Angst, von dem Vakuum, an dessen Grenzen aber die Dichtkunst lösend einströmen kann.

Bedingung (deswegen Verknüpfung Satz 1 und 2; tradam = Futur) hierfür ist, daß die Musen selbst hervortreten (am Anfang, in der Mitte und am Ende der Ode werden sie genannt), daß der Dichter ihnen das Hervortreten nicht nur erlaubt, den Auftritt vielmehr wünscht, ja, ihn in Gebetsform (nil sine te) inständig erbittet (neque, neque, hunc, hunc, teque, tuasque). Die Sicherheit des Dichters ist vollständig (stark betont: unice securus), wenn die holde Muse aus Pimplea (dem Ort einer reinen Quelle) aus dem Zugriff menschlichen Willens (nil sine te) entzogenen Quellen (fontibus integris) schöpft, wenn sie es ist, die sonnleuchtende (nicht vom Menschen berührte) Blumen (apricos flores) spielerisch (necte necte), also ohne Anspannung, zu einem nur dem Augenblick geltenden (weil rasch verwelkenden) Blumenkranz flicht, wenn (zwar nach alter lesbischer Art gesungene – Lesbio plectro –, aber doch) neue, originäre Weisen (fidibus novis) aus unverfälschten Quellen (fontibus integris) des Innern strömen und den zuhörenden Freund göttlich ansprechen (sacrare).

Weil er ein Freund der Musen ist und diese für ihn spielerisch tätig sind, kann Horaz seine Traurigkeit und Ängste den stürmischen Winden überlassen (tradam protervis ventis). Das gilt auch umgekehrt: Weil er sein Gefühl der Entbehrung in die Winde werfen will, die sie weit weg ins stürmische Kretermeer tragen (so weit weg wie die zitternden Zaunkönige und ihre Untertanen und Nachbarn), was einer völligen Öffnung und

Lösung entspricht, tritt die holde Muse (dulcis piplei) existentiell zwingend in die Lichtung (daher das schmetternde unice securus). Sie kommt mit ihren Schwestern (tuasque sorores), also als lebendiges soziales Wesen, nicht nur, weil er Abschied nimmt von Traurigkeit und Ängsten, sondern weil er auch die positive Entsprechung dieser Gefühle, die Stürme der Leidenschaft (anklingend in protervis, s. I 25, 2) ins Kretermeer schickt, sich also sowohl frei als auch rein (integris, sacrare) macht für den Eintritt der Muse. Nur so trifft er völlig sicher (unice securus) den Ton der Muse, so wie in unserem Gedicht.

I 32

Eine Anrufung, ein Flehen, ein Seufzen des Dichters, gerichtet an die eigene Kunst, die aus dem leeren Nichts (Doppelbedeutung von vacui, das auch »in Muße« ausdrückt), aus dem Leiden (laborum) wie ein Gruß (salve) der Musen, der Götter, des höchsten Gottes, Zeus, hervortreten soll. Horaz und seine Laute (barbiton) werden gefordert (poscimur, nach anderer Lesart: poscimus – wohlan denn), man verlangt nach ihnen, so wie beim Festmahl der Götter Zeus (supremi iovis) nach dem Gesang des Apollon verlangt.

Wer ruft, wer sehnt sich? Der Dichter in seiner Leere (vacui) beim leisen Anspiel mit der Laute (lusimus tecum) nach dem Eintritt der Musen oder die Götter, die Musen, nach dem Dichter und seiner Lyra? Vor der Geburt des Liedes, das – wie frühere – ein Jahr und viele (et hunc in annum et pluris) überleben wird, steht ein namenloses Seufzen (Römer 8, 26), ein Leiden (laborum), ein Sitzen in der Leere, im Schatten (sub umbra). Deswegen ist das Lied dem Dichter, wenn es geschaffen ist, süßes Labsal, Balsam, Linderung, eine Erlösung (dulce lenimen), göttlich wie das Lied des Apoll, das dem Höchsten lieblich und hold (grata) erklingt. Die Dichtkunst des Horaz ist, wie er in diesem Gedicht bekennt, ersehnt, erlitten, als Linderung der Leiden benötigt und empfunden. Der Dichter bekennt sich zu seiner Art, wie er auf seiner Sprache, der lateinischen, besteht (age dic carmen Latinum).

Hervorgehoben wird dieses doppelte Bekenntnis durch das Vor- und Gegenbild des Alkäus, der, nicht leer und im Schatten, sondern mitten im Leben, wild im Krieg (ferox bello), auch noch in Waffen (tamen inter arma) oder, kaum daß er das wind- und wellengeschleuderte Schiff (iactatam navim) befestigt hat, noch auf dem feuchten Strand (udo litore) griechische Lob- und Liebeslieder voll Lebenskraft gedichtet hat, natürlich dem Bacchus und der Venus, der Lebens- und Liebesfülle, ein vitaler Dichter, der aus der Handlung heraus die Fülle verdichtet hat, während unser Dichter die Gedanken langsam in sich heraufziehen spürt, im Schatten sitzend.

Eine Brücke zwischen beiden Dichternaturen und Sprachwesen ist die Laute und die Art, sie richtig (rite) zu spielen, die Laute, die Alkäus, der Bürger von Lesbos (lesbio civi), zuerst im Takt geschlagen (modulate) hat und mit der Horaz gedankenvoll (und »leer« von störenden Gefühlen) spielt (lusimus tecum), die dann aber mit dem Wachsen der Gedanken zur »testudo« (Schildkröte, Synonym für Laute) wird, aus deren dickbauchigem Klangkörper unter Schmerzen (laborum) das vollendete Lied hervortritt.

Der Reifungsprozeß des Kunstwerks wird abgebildet im Schritt vom kleinen Cupido (der der Venus anhängt, illi semper haerentem puerum) über den schwarzäugigen, schwarzlockigen Lycus (einen Lieblingsknaben des Alkäus) zum jugendlichen, göttlichen Apoll beim Festmahl Jupiters (decus greift decorum auf). Die Zierde, der Zauber Apollons (das Lied als gereiftes Werk) ist von gleicher Art wie die Zärtlichkeit des Cupido und die dunklen Reize des Lycus, die Alkäus pries, jedoch hochgehoben in die Klarheit des Olymps.

Wichtig ist vor allem aber die Einhaltung der Regel, des richtigen Schritts, des Rhythmus, der durch Spannung (in den drei ersten Zeilen der sapphischen Strophe) und Lösung (4. Zeile), durch Kontrahieren und Freigabe, den Vorgang des Erzeugens unter Schmerzen (laborum) regelt und ermöglicht. Der Klang der Laute erscheint dem Dichter (mihi) als göttlicher Gruß (salve), wird von ihm in gleicher Weise begrüßt wie zu Beginn (cumque nimmt tecum auf). Göttlich ist der Laute Klang, die Poesie, wenn und wann (quandocumque, utcumque könnten die Urformen von cumque sein) der Dichter sie richtig (rite) ruft, nach den Regeln ihrer Erzeugung. Dies setzt nicht nur die Beachtung der klassischen griechischen Versmaße im Lateinischen voraus, sondern auch, daß der Dichter dem Gesetz seines eigenen Wesens folgt und, sei er Sanguiniker oder Melancholiker, mit seiner ureigenen Stimme ruft.

I 37

Horaz stellt seine Dichtkunst, so scheint es, in den Dienst des Siegers über Kleopatra, des Octavian, aber nicht ohne der Besiegten Respekt zu bekunden. Der Jubel über den Sieg (Strophe 1), das Schreckensbild von Kleopatras Unheilsplänen mit dem Kapitol und dem Reich (Strophen 2 und 3) erscheinen ebenso wie die Erwähnung der Seeschlacht bei Actium (31 v.Chr.) mit der anschließenden Verfolgungsjagd (Strophen 4 und 5) vordergründig als ein kunstvolles Stück Propagandalyrik, die vielleicht vom Poeten erwartet wurde. Augustus tritt in der Mitte des Gedichts in Erscheinung (Caesar) und wird mit schmückenden Vergleichen bei der Verfolgung Kleopatras gezeigt. Was den Dichter aber wirklich anzuziehen scheint, ist der Tod der Kleopatra – in einem Siegesjubelgedicht immerhin über drei Strophen beschrieben. Was erklärt diese Gewichtsverteilung?

Der stoische Gleichmut, die Freiheit, dem Leben ein Ende zu

setzen, könnten Horaz schon seit seiner Athener Studentenzeit gefesselt haben (Freitod Catos d. J.). Hier wurde der Todesmut bewiesen von einer Frau, einer einst mächtigen Gegnerin des augusteischen Roms, der Freitod ausgeführt in dramatischer Weise (Schlangenbiß). Kein Wunder, so scheint es, daß die Ode Kleopatra so feiert, daß manchen der Teil ab »quae generosius« als spätere Zutat erscheint und daß andere von einem überraschenden Umschwung an dieser Stelle (oder schon bei »sed«) sprechen. Zwar paßte auch die Verneigung vor der in den Tod gegangenen besiegten Frau durchaus in das politische Darstellungsbild des Augustus. Doch gewinnt man den Eindruck, daß der Dichter sich von diesem Aspekt absichernder Propaganda in nachfühlbarer Weise hat hinreißen lassen. Die Achtung vor der nicht-niedrigen Frau (letzte Zeile) steht jedenfalls trotz der vorsichtigen doppelten Verneinung unmittelbar neben dem Triumph (triumpho) und gibt ihm, wie dem Schicksal der Frau, eine dramatische Qualität, ihrem Tod eine Nähe zum Sieg.

Diese Deutung eines zwischen einer pflichtschuldigen Rühmung Octavians und einer wirklichen Verehrung Kleopatras schwankenden Dichters dringt aber nicht zu der Ebene der eigentlichen Mitteilung des Gedichts vor. Sie ist schon deshalb nicht ausreichend, weil sie dem Dichter Uneinheitlichkeit (erst harte Worte des Tadels, dann Ehrerbietung) und einen »verrutschten« Schwerpunkt (Themaverfehlung), den Lesern aus dem kaiserlichen Propagandahofstaat Blindheit, dem Dichter wiederum politische Unklugheit, ja Leichtsinn, unterstellt. Für den römischen Leser (einschließlich des Kaisers und seines Hofstaats) muß vielmehr aus der Ode hinreichend deutlich ein Gedanke hervorgetreten sein, der das Mißverständnis einer Ebenbürtigkeit Kleopatras im Vergleich zum Kaiser ausschloß, weil der Gedanke einer anderen Ebene angehörte.

Die Überheblichkeit und die Maßlosigkeit sind gottlos (nunc Saliaribus ornare pulvinar deorum tempus erat dapibus), sie richten eine eigene gottähnliche Scheinordnung auf, die des

Terrors, die zu Undenkbarkeiten aus Angst führt (antehac nefas). Sie sind zugleich dem Menschen nicht gemäß, wie eine wesensändernde Krankheit (turpium morbo »virorum«), wie eine Geisteskrankheit (dementis ruinas, furorem), wie ein Rausch (ebria; mentemque lymphatam mareotico), machen wahllos und ziellos im Hoffen (quidlibet sperare), zu sinnvollem Handeln unfähig (inpotens) und damit kraft- und wehrlos, flüchtig (volantem), hilflos.

Eine so beschriebene Kleopatra kann durchaus, beim zweiten Nachdenken, unser Mitgefühl erregen (Bild der sanftfiedrigen Tauben, des Hasen): Eine zarte Frau ist durch Lebens- und Realitätsverfehlung zum fatalen Monstrum ihrer Möglichkeiten und ihrer terrorisierten, unfreien (pede libero) Umwelt geworden. Ein verfehltes Leben hat aber auch die Chance der Umkehr zur Wirklichkeit, hier – fast dankbar vermerkt – durch heilsamen Zwang (redegit in veros timores), einer Umkehr, die dem Leben, und sei es im Tode, Wahrheit und Würde gibt.

Ein dies bewirkender Caesar ist ein mehrfacher Sieger, nicht nur siegreich als Feldherr und als Befreier der Welt vom gottlosen, gottähnlichen Zwang, sondern siegreich als Retter der Besiegten, die – von ihm zur Wirklichkeit gezwungen – zu einer edlen Lebenshaltung findet (oder zurückfindet), die dem römischen Ehr- und Pflichtenideal entspricht, eine Besiegte nicht nur, sondern auch eine Bekehrte, Erlöste. Der Sieg war also auch in Kleopatras Interesse, er war (mit später geprägten Worten) dignum et justum, aequum et salutare.

Der innere Aufbau der Ode folgt diesem Gedankengang, der schon in der ersten Strophe anklingt. Diese enthält drei schnelle, mit nunc eingeleitete Bilder (Trinken, Tanzen, Wiedereinsetzung der Ehrung der Götter), die in einer kunstvollen Ouvertüre die folgenden drei großen Abschnitte (Wahnrausch der Kleopatra in Rom; eilige Verfolgungsjagd; Selbstbesinnung und edlen Freitod) ankündigen. Dem dritten Aufruf in Strophe 1 zur Wiederaufnahme der altertümlichen Götterehrung des lecisterniums, der Ehrung der Götterbilder auf Polsterkissen durch Speisen, kommt besondere Bedeutung zu (Stellung; Inhalt; erat). Kleopatras Tod (Schlangenbiß; Trinken des Gifts) steht im gedanklichen Zusammenhang mit diesem Speiseopfer.

Auch der äußere Aufbau stützt den Gedanken einer Umkehr zur Selbstbesinnung. Die drei Hauptteile sind durch einen Gegensatz (sed) und das ergänzende »quae generosius« getrennt. Die Ergänzung verbindet den dritten Hauptteil so mit dem zweiten, daß die auf die Eingangsstrophe folgenden sieben Strophen wie zwei eilig dahingesprochene Sätze wirken (getrennt durch das »sed«). Der zweite und der dritte Teil erscheinen so in der für ihre Wertung notwendigen Einheit (Umkehr zur Wirklichkeit; Entfaltung edler Wesensart).

Im ersten Hauptteil wird die Wesensveränderung, die Krankheit, Kleopatras treffend beschrieben durch die Sinnentsprechung zwischen dem Bild der durch ihr Lustleben erkrankten (morbo virorum) Eunuchen (turpium virorum) und der Unfähigkeit (inpotens) Kleopatras, nach Art eines Weibes (sperare) den Dingen ihre Zeit zu lassen, abzuwarten, Maß und Ziel zu halten. Auch ihre Glückstrunkenheit entspricht dem Bild ihrer Hofschar.

Der zweite Hauptteil setzt sich von diesem Bild trunkener Ausschweifung und Wesensverfehlung mit dem »sed« ab. Die Ernüchterung (minuit furorem; redegit in veros timores) nach dem Verlust der Seeschlacht bei Actium (vix una sospes navis ab ignibus; beide Seiten setzten Feuerwürfe ein) setzt dem Wahnleben (furorem, mentemque lymphatem Mareotico; M. = ein bei Alexandria wachsender Wein) schlagartig ein Ende. Die Halluzinationen werden durch sehr wirkliche Gefühle ablöst: durch Schrecken und Grausen (veros timores). Kunstvoll ist Caesar vor die aus Italien Fliehende gesetzt (Caesar ab Italia volantem), um ihn bei der Verfolgung zu zeigen, durch zwei verwandte Jagdszenen (weiße Tauben, Hase im Schnee) illustriert, deren Tiere in ihrer Harmlosigkeit und Schutzlosigkeit schon die ihres Wahnsinns beraubte Kleopatra vor dem Aufbäumen im edlen Stolz kennzeichnen. Dem danach noch folgenden Propagandazitat »fatale monstrum« ist damit schon vorweg der Stachel genommen, ein ironischer Ton klingt fast unmerklich an.

Derart eingeleitet dann die Schilderung des edlen Endes der Kleopatra im dritten Hauptteil (Strophen 6 bis 8): In der gleichen Zeile, in der sie (durch das Bild von Taube und Hase abgeschwächt) als Unheil-Ungeheuer zitiert wird, klingt schon das Motiv des edlen Untergangs (generosius perire) an. Kleopatra sucht sich, ihrer Natur bewußt werdend, mit ganzer Kraft (quaerens) einen edleren Untergang. Sie fürchtet (Gegensatz zur wesensentarteten grex turpium virorum) nicht wie ein gewöhnliches Weib (nec muliebriter expavit) das Kriegsschwert (ensem; hier nicht gemeint das Schwert der Enthauptung, obwohl auch dieser Tod, etwa des Vercingetorix, anklingt, sondern das Kampfschwert, das auch zum Selbstmord dienen kann). Sie sieht daher den Truppen Octavians ruhig entgegen: Sie wählt nicht den Fluchtweg, mit der schnellen Flotte verborgene Ufer zu gewinnen. Sie hält mutig stand (ausa), stark (fortis) ist sie, wenn sie dem Fallen der Königsstadt zusieht, aber ihrer Umgebung gegenüber ein heiteres Gesicht zur Schau trägt (sereno voltu; wie Cato d.J. am letzten Abend). Ohne Gegensatz (et, et) hierzu der Griff in das Schlangennest: Der Körper trinkt geradezu begierig (conbiberet; quaerens klingt nach) das schwarze Gift der Vipern; wilder und stolzer als frühere Entschlüsse ist der jetzige zum Freitod jedoch keinem Wahnrausch (ferocior), sondern klarer, wirklichkeitsnaher Überlegung erwachsen (deliberata morte).

Die letzte Strophe begründet (scilicet) diesen Entschluß zwar auf der Ebene der Erzählung mit der Abneigung, von der Liburner schnellen Schiffen als Gefangene (s. daret catenis) zum stolzen Triumphzug des Augustus in Rom weggeführt, hierzu herabgewürdigt zu werden (Doppelbedeutung von deduci), als eine ihrer Ehren als Königin aus dem Stamme des Ptolemäus Beraubte (privata). Mit raffinierter Wortstellung läßt der Dichter aber anklingen, daß stolz (superbo) auch die Beraubte (privata, am Anfang dieser Zeile) ist und daß das keineswegs niedrige oder gar bescheidene, sich bescheidende Weib (non humilis mulier) im Tode noch einen wilden (ferocior) Triumph feiert (mulier neben triumpho). Dieser Triumph ist, wenn unsere Deutung zutrifft, ein Sieg über sich selbst, ein Finden zur eigenen edlen Art. Er steht daher nicht im Gegensatz zum Sieg des Augustus, sondern verdankt sich diesem.

I 38

Ein Abgesang zur Kleopatra-Ode: Ablehnung wesensfremder, unnatürlicher Übertreibungen, die dem römischen Ideal widersprechen (Persicos odi adparatus), Zulassung nur des der wahren Ordnung Geziemenden (neque dedecet myrtus), Lösung und Befreiung im (maßvollen) Trinken (sub arta vite bibentem). Aus diesem Zusammenhang könnte sich ergeben, daß das Bekenntnis zum Myrtenschmuck am Ende des ersten Buches verdeckter Ausdruck für den edlen Stolz des Dichters ist, der sich selbst der äußerlichen Scheinwürden beraubt, nicht zu fremdem Triumph bereit ist, deswegen aber gerade nicht »niedrig« (non humilis) ist (so die Aussagen der Kleopatra-Ode).

Ein Komplementärgedicht zur Eingangsode (so wie die – vorletzte – Kleopatra-Ode der Augustus-Ode I 2 entspricht): Mehreren Attributen eines äußerlich glänzenden Handelns (Perserschmuck, Lindenbast-Kränze, Rose) werden Lebensform, Arbeitsform und Lohn des Dichters gegenübergestellt: Das Sitzen im Weinlaubschatten (in Ode I 1: gelidum nemus), das Warten auf den Zuspruch der Musen (in Ode I 1: Euterpe,

Polyhymnia), auch hier als Warten in durch Ablehnung geschaffener Leere (vielleicht Anklang an vacui sub umbra ... rite vocanti in Ode I 32), selbstsicherer Anspruch auf eine Bekränzung der Dichterstirn (neque dedecet), hier mit dem Myrtenkranz, dort (Ode I 1) mit dem Efeukranz, der zum Kranz der Sterne wird, wenn Maecenas den Dichter den großen alten Sängern gleichstellt (vatibus inseres).

Ein zusammenfassendes Abschlußgedicht für das gesamte erste Buch, so wie die Ode I 1 dessen Ouvertüre war: Die Leitmotive des Maßes, der Gegenwartsöffnung, der Wahrheit und der Wesensgemäßheit, von raumschaffender kunstvoller Verneinung ermöglicht, klingen an. Das gesamte Gedicht ist in seiner Kürze, in der dreifachen Verneinung und der dadurch bewirkten Konzentration (Myrte – im Schatten sitzen – trinken) eine einzige Verdichtung dieser miteinander zusammenhängenden Motive, zugleich eine Bestätigung der Möglichkeit, den Oden des ersten Buches eine Metakommunikation dieser Art entnehmen zu dürfen.

Die höchste Gedankenverdichtung in einem so kurzen Gedicht setzt die schärfste *Verneinung* (Reduktion) voraus (odi, displicent, mitte, nihil adlabores curo). Da die Verneinung das in den Raum Tretende ermöglichen soll, kommt es aber auch auf den Inhalt des Verneinten an, das mit dem durch die Verneinung Ermöglichten in Zusammenhang steht. Das Ermöglichte ist hier die Dichtkunst des Dichters, seine Lebensform und die seiner Dichtung zu gewährende Anerkennung. Welcher Art diese sein sollen, wird schon durch die Verneinung ausgedrückt.

Abgelehnt (odi) wird als Lebensform und Dichtung (erste Strophe) die wesensfremde Künstlichkeit des Machenwollens, als Ehrung der äußerliche, nicht aus dem Verstehen kommende Beifall (Persicos adparatus). Das Mißfallen des Dichters (displicent) erregt eine Dichtkunst, die Fremdes wie mit Lindenbast (Flechtmittel für Girlanden und Kränze) zitierend zusammenfügt, erregt eine Ehrung, deren zusammengeflochtene Preisungen untereinander und mit der Dichtkunst in einem künstlichen Zusammenhang stehen. Unterlassen soll man es (mitte) als Dichter, einen Gegenstand in der Ferne zu suchen (quo locorum), einen Lebensteil aus seinem Zusammenhang zu reißen.

Ermöglicht werden (2. Strophe) durch die Verneinung die *positiven* Aussagen, daß das Leben des Dichters, seine Dichtkunst und die ihr entsprechende Anerkennung einfach (simplici myrto) sein müssen. Einfachheit ist eben die Frucht gekonnter künstlerischer Verneinung, ist raffinierte Einfachheit (s. simplex munditiis in Ode I 5). Hierfür muß die Gegenwart in vollständiger Öffnung wahrgenommen werden. Angst und Sorge dürfen sich nicht hindernd (weil unter anderen Gesichtspunkten reduzierend) einmischen (s. Ode I 26): Der Gedanke an den Tod klingt zwar versteckt an (sera moretur; Gegensatz der Rose zum Knaben, der sie sucht, um sie achtlos zu schneiden, Anklang von secare), jedoch im verneinenden Teil (1. Strophe). Wenn der Dichter an eine Parallele zwischen der spät und irgendwo blühenden Rose und sich denkt, ist diese Sorge im zweiten positiven Teil aufgehoben.

Der Knabe ist Diener (ministrum), und er soll (neque dedecet) den gleichen Kranz tragen wie der Dichter. Warum? Ist es bei diesem der Myrtenkranz der Jugend und der Liebe, beim Dichter der der Dichtkunst und Dichterweisheit? Will der Dichter sagen, daß die einfache Myrtenkrone jedem gebührt, der (wie die Jugend oft) ein seiner Natur entsprechendes Wesen besitzt (Gedanke der Kleopatra-Ode), daß er, der Dichter, sich diese Art erhalten oder errungen hat? Will der Dichter sich in völlig sicherer Selbstironie nur den Schmuck zubilligen, den ein junger Sklave als Weindiener bei einem Fest tragen kann? Die verdichtende Kunst des Horaz ist offen für alle diese Deutungen.

Den Gleichmut in guten und schlechten Zeiten, den der Dichter dem vielgewandten Dellius (der in den Bürgerkriegen häufig die Pferde gewechselt hat; Seneca: desultor bellium civilium) empfiehlt, begründet er mit dem gleichen Schicksal des Todes für alle. Dellius wird sogleich als todgeweiht (moriture) angesprochen. In der spiegelbildlich entsprechenden Stelle der letzten Strophe (1. Zeile) dieses streng symmetrisch aufgebauten Gedichts wird der für alle gleiche Todeszwang (omnes eodem cogimur) als Grund für die geforderte Gelassenheit angeführt.

Für den Inhalt von Bedeutung ist der kunstvolle Aufbau: In den Strophen 1 und 2 werden jeweils zuerst die unglücklichen Umstände und Stimmungen (rebus arduis; maestus, von moriture eingeleitet) angeführt, dann die glücklichen (in bonis; Lagern im Gras bei Falerner-Wein). Die Glücksszene am Ende der 2. Strophe wird dann aufgenommen vom Gartenbild (Glück), das bis in die Mitte der mittleren 4. Strophe reicht, in der wiederum (eingeleitet von nimium brevis) über 1½ Strophen die unglücklichen Aspekte des Scheidens angesprochen werden. Die Reihenfolge Unglück/Glück hat sich also in der Mitte zur Stellung Glück/Unglück vertauscht. In der gleichen Reihenfolge (Glück/Unglück) folgt dann das Gegensatzpaar reich/arm (das dem Gegensatzpaar traurig/glücklich in der 2. Strophe entspricht). Die Reihenfolge lautet also bis dahin Unglück/Glück, Unglück/Glück, Glück/Unglück, Glück/Unglück. In der Schlußstrophe ist dann der Gegensatz Glück/Unglück siegreich: serius steht vor ocius, allerdings nicht auf Dellius bezogen, sondern auf alle (omnium, nos).

So gewinnt das Gedicht den Charakter eines Abzählreims, eines Spiels, eines Losziehens, bei dem der sterbliche Dellius vielleicht (serius vor ocius) das glücklichere Los ziehen wird. Jedenfalls aber wird von Dellius der Gleichmut eines Spielers gefordert, der weiß, daß es ernstlich auf nichts ankommt (nil interest), der sich daher mit voller Aufmerksamkeit dem gerade laufenden Spiel zuwenden kann.

Schön, wie im jeweiligen Gedanken, betreffe er Glück oder Unglück, der nachfolgende Gegengesichtspunkt bereits angedeutet wird, nicht nur als elegante poetische Überleitung, sondern als Beweis für die Notwendigkeit, Maß zu halten, Gleichmut zu bewahren.

II 6

Zwei Orte hat der Dichter für sich ausersehen: Tibur oder die fruchtbare Gegend um Tarent. Diese ist – so scheint es – seine zweite Wahl, Tibur die erste (unde si parcae prohibent iniquae). Dazu scheint in Widerspruch zu stehen, daß Tibur nur als Ruhesitz (sedes senectae) gelobt wird, während die wahre Fülle des Lobpreises der Gegend am Galaeserfluß und am Berg Aulon gilt, die den Dichter am meisten anlacht (ille terrarum mihi praeter omnis angulus ridet), die ihn und den Freund ruft (ille te mecum locus et beatae postulant arces) und in der er sterben und beweint werden will (ibi tu calentem debita sparges lacrima favillam vatis amici).

Der Widerspruch ist nur scheinbar. Tibur wird als ein wegen seiner griechischen Gründung berühmter Ort (Tibur und Argeo nebeneinander), als Alters- und Ruhesitz von Seefahrern, Reisenden und Kriegern (modus lasso maris et viarum militiaeque) beschrieben, also als (nahe bei Rom gelegener) Ruhesitz der Erfolgreichen und Großen (etwa des Plancus, Ode I 7, hier nicht übersetzt).

Dagegen wird die Gegend um Tarent als früher von einem »Spartaner« regiert (regnata Laconi rura Phalantho) beschrieben, als ein »Winkel« (angulus), als eine »Zuflucht« (eine der Bedeutungen von arces in der drittletzten Zeile). Die Vorzüge dieser Gegend werden gerade gegenüber dem in vornehmen Kreisen Geschätzten hervorgehoben, so die dortigen Weintrauben gegenüber denen des von Wohlhabenden geschätzten Falerners (s. Ode I 20), so der heimische Honig gegenüber dem berühmten Honig aus Griechenland (ubi non Hymetto mella decedunt), ein weiterer Hinweis auf Tibur mit seiner griechischen Gründung.

Was bedeutet in dieser Gegenüberstellung die 1. Strophe? Warum bedarf es der Erinnerung an ein Versprechen des Septimius, den Dichter nach Spanien und zu den Syrten (mit den geschilderten dortigen Gefahren) zu begleiten, einen Dichter, dem die Teilnahme an einem solchen Feldzug (dies ist gemeint: indoctum iuga ferre nostra) ohnehin kaum zuzutrauen ist? Die Ironie ist greifbar. Für einen Septimius mag das Ziel Tibur, auf das möglicherweise verzichtet werden muß, und die Wahl der ländlichen Gegend am Golf von Tarent als Ruhesitz in köstlicher Übertreibung so fernliegend erscheinen wie ein Kriegszug mit dem Dichter nach Spanien oder zu den Syrten: Wenn du schon mit mir zu dem Cantabrer (indoctum steht neben Cantabrer) und zu den barbarischen Syrten zu ziehen bereit wärst, dann wirst du doch auch den Schritt vom eleganten Tibur zum schlichten Tarent mit mir machen.

Legt man diese Bedeutung zugrunde, dann nimmt die 1. Strophe das Vorurteil der Tibur-Liebhaber gegenüber der Gegend um den Aulon ironisch in dementierbarer Weise auf. Dementierbar deswegen, weil Tibur in der 2. Strophe und am Anfang der 3. Strophe durchaus als Ruhesitz für Krieger gelobt und als erste Wahl auch des Dichters bezeichnet wird und weil eine Entscheidung der Parzen (in einer möglichen Wortbedeutung von iniquus) als »ungünstig, nachteilig, feindselig« bezeichnet wird. Möglich ist aber auch, daß mit »iniquus« »ungleich« oder »unbedingt« gemeint ist, daß der Dichter hier auf seine andere Wesensart und damit auf sein anderes Schicksal anspielt. Daß Horaz sich tatsächlich selbst nicht als »Tiburianer«, sondern als »Mann von Tarent« empfindet, ergibt sich aus der zweiten Hälfte des Gedichts, aus dem Lob der glücklichen Zuflucht (beatae arces) am Galaeserfluß.

Damit gelangen wir zu der eigentlichen Aussageebene des Gedichts: Die vom Dichter letztlich offengelassene Wahl des Ruhesitzes (die Parzen mögen entscheiden) ist auf der Ebene der Lebensform und der Dichtkunst des Dichters schon gefallen. Nicht die Zirkel der Erfolgreichen in einem Erholungsort außerhalb Roms entsprechen dem Lebensstil des Dichters, sondern die Orte einfachen (spartanischen) Lebens, einfacher Naturgaben (Honig, Olive, Wein), Orte des Schutzes (pellitis ovibus: die Wolle der Schafe wurde durch Häute geschützt), Orte, in denen Bacchus (zugleich ein Freund der Lieder, Ode II 19) Fruchtbarkeit bringt, Orte, in denen Freundesliebe möglich ist, die über das Grab hinaus reicht, von der aber nur eine Träne in die Asche des Dichterfreunds zu fallen braucht (debita lacrima; s. Ode II 20, 21 ff.). Dort, wo solches möglich ist, ist der Ort des Dichters. Seine Dichtkunst entspricht diesem Ideal der Einfachheit durch Verneinung und Verdichtung.

II 8

Ein charmanteres Kompliment kann der Dichter der Hetäre Barine (der aus Bari) nicht machen, als ihre Geschicklichkeit (und deswegen Ungefährdetheit) bei falschen Treueschwüren (Strophen 1 und 2) zu rühmen, bei Schwüren, deren Großartigkeit (Strophe 3) sogar die Erfahrensten (Venus, Nymphen, Cupido) zum Lachen bringt (Strophe 4), und als in köstlicher Übertreibung den Andrang der neuen wie der alten, nicht weichen wollenden Liebhaber einerseits (Strophe 5) und die Sorge der Mütter, der Väter und der jungen Ehefrauen vor ihrer Anziehungskraft andererseits (Strophe 6) zu beschreiben. Das Motiv der Straflosigkeit des gebrochenen Liebeseides und die verwerteten Bilder waren dem Altertum bekannt – was aber hat Horaz daraus gemacht! Jedes Wort sitzt und paßt, der Text wirkt leichthin geschrieben, natürlich, wie gesprochen, mit Anklängen an die emphatische Umgangssprache (ulla, umquam, ridet, rident, inquam, adde, crescit, crescit), aber es ist die Leichtigkeit der Perfektion.

Je zwei Strophen bilden eine Gedankengruppe, die von der Aussage in der jeweils zweiten Strophe gebunden wird: Der Dichter würde den Liebesschwüren Barines glauben (Strophe 2: crederem), wenn ein Wortbruch ihr schadete (und sie damit zur Treue anhielte, Strophe 1). Venus, die Nymphen und Cupido lachen (Strophe 4), weil Barine so wunderschön großsprecherisch (und falsch) schwören kann (Strophe 3). Die Mütter, Väter und Ehefrauen bangen (Strophe 6), weil die Schar der alten und neuen Liebhaber immer mehr anschwillt (Strophe 5). Der Einschnitt zwischen den Strophen 2 und 3 ist durch den Gedankenwechsel deutlich erkennbar, der Einschnitt zwischen Strophe 4 und 5 wird mit dem »adde« markiert.

Die drei Strophenbündel haben zwar je ein eigenes Thema: In den Strophen 1 und 2 ist es die Straflosigkeit und Ungefährlichkeit des gebrochenen Liebesschwurs für eine wirklich schöne Frau, in den Strophen 3 und 4 ist es die Heimlichkeit und die Bereitschaft zur Mitwirkung selbst der höheren Betrachter (der Mutter im Grabe, von Erde bedeckt und daher verschwiegen, der schweigsam-verschwiegenen – taciturna – Sterne und der unsterblichen Götter, die im Gegensatz zu Venus nicht lachen, aber auch nicht strafen), in den Strophen 5 und 6 ist es die Furcht von Eltern und jungen Ehefrauen vor den Auswirkungen des magischen Banns, mit dem Barine ihre Opfer fesselt.

Doch diese den drei Strophenbündeln zugeordneten Themen sind miteinander verwoben: Weil selbst die unsterblichen Götter ihre Freude an Barine haben (Strophen 3 und 4), trifft diese kein Schaden, keine körperliche Verunstaltung (die nur die Götter schicken könnten), kein Blitzstrahl auf das scheinbar zum Schwur gesenkte, aber schon von Treulosigkeit erfüllte Haupt (obligasti), nein, die Schönheit steigert sich noch nach dem (oder durch den) Wortbruch (Strophe 1 und 2). Weil die Götter (jedenfalls einige) nicht nur gnädig wegsehen, sondern lachen (ridet, rident), ja sich wild-eifrig (ferus) an der Aufbereitung und Wiederverwendung der Liebespfeile beteiligen, wächst die Schar der alten und neuen Liebhaber wie das Getreide auf dem Acker, das die Sonne des Wohlwollens der Götter bescheint (crescit, crescit), und können die Drohungen (minati) früherer Liebhaber sowie Furcht und Zorn der Alten und der Ehefrauen nichts ausrichten (Strophen 5 und 6).

Welch Widerspruch, welche Ironie, daß die unter dem Schutz der Götter steht, die sich in grober Weise an dem Gebot der Wahrheit versündigt, ja einen Meineid leistet (iuris peierati), ihn immer und immer wieder leistet (iuris ist dem Sinne nach Plural; ulla, umquam), ihn leistet, um ihn sofort (simul) und mit vielen (iuvenum) und öffentlich (publica cura) zu brechen, ihn bei der eigenen verstorbenen Mutter (matris cineres opertos), bei den den Göttern nahen Sternen des ganzen Himmels (toto taciturna noctis signa cum caelo), ja unter Anrufung der unsterblichen Götter leistet, ohne daß ihr dies etwas anhaben könnte, so wie der eisige Tod den Göttern nichts anhaben kann!

Die Götter greifen nicht ein, sie tadeln nicht, sondern lachen, obwohl die Folgen für die Mitmenschen, auch die, die unter dem besonderen Schutz der Götter stehen, schmerzlich sind und immer schmerzlicher werden: Das öffentliche Ärgernis, das Barine verursacht, nimmt zu (crescit), ihre Gefolgschaft schwillt immer stärker an; die Liebhaber sind wie Sklaven, wie Opfer, an sie gefesselt und können sich nicht loslösen, wenn sie damit auch immer wieder drohen (saepe minati); die Eltern der heftigen »Jungstiere« (pubes, iuvencis) leben in Angst, Zorn und Sorge, und die jungvermählten Jungfrauen bangen schon um ihre erst kürzlich ihnen angetrauten Gatten (nuper nuptae), wenn diese sich nur etwas verspäten (Gedanke in retardet). Widerspruch und Ironie aber auch, daß der Dichter Barine zwar nicht glaubt (crederem), aber all die Wortbrüchigkeit, einschließlich der Beleidigung der Verstorbenen und der Götter und einschließlich des Schadens für die Liebhaber und ihre Familien, nicht nur nicht ernst nimmt, sondern statt des Tadels einen Blumenstrauß von Komplimenten überreicht.

Der resignierende Teil der Aussage ist: Dem Bann, der Kraft der Liebe und der Schönheit widerstehen keine Normen, Werte und Götter; die Liebe macht auch nicht halt vor der Versklavung der sich tätig wähnenden Opfer und vor der Sorge und Angst der mittelbar Betroffenen. Selbst ein Teil der Götter erscheint angesteckt (ansteckendes Lachen), angefacht von Barines Liebesleben, der wilde Eifer (ferus) des Cupido könnte seinerseits eine Auswirkung der »Aura« Barines sein. Wer kann der Schönen dann noch widerstehen, wer sich dieser Gewalt entwinden?

Dagegen steht aber der positive Gedanke: Es ist der Dichter, dank der Kraft seiner Poesie, die sich ironisch über die gleißende Schönheit und das blinde Gewimmel erhebt, der das schöne und gefährliche (ferus, ardentis sagittas, cote cruenta) Spiel durchschaut. Crederem: Ich würde glauben, aber ich glaube nicht. So stark ist die zarte Kunst der Poesie, daß sie dem Treiben Barines nicht zornig und drohend (minati) zu begegnen braucht. Der Dichter ist gelassen und heiter, gerettet durch den Ausdruck seiner Sprache (vgl. Ode I, 5), die Schärfe seines Gegenpfeils der Ironie, gerettet vor dem Zwang seiner eigenen Leidenschaften – wohl vielleicht noch Freund, vielleicht Besucher Barines, aber ihr nicht verfallen.

Reich ist der Schmuck dieses Gedichts, es steigt geschmückt und schön empor (enitescis). In der Strophe 1 gefallen die eleganten Einrahmungen und Betonungen ulla-umquam, dente-ungui, die durch Auslassung amüsante Andeutung des

Grundes für die Häßlichkeit des Fingers (gemeint ist der weiße Halbmond, der als Zeichen der Treulosigkeit galt), angedeutet auch durch die ausdrückliche Nennung der Schwärze des Zahns. In der zweiten Strophe das betonte, lakonische, von einer Pause und dem »sed« gefolgte »crederem«, die Laut- und Konsonantenspiele, die Gedankenverbindung zwischen der stillen, weil eingeäscherten und beerdigten Mutter, den stillen Sternen und den mit dem Eise des Todes, daher mit Kühle (nicht mit Zorn) in Verbindung gebrachten Götter (Strophe 3).

Hier in der Mitte des Gedichts die überraschende, aber vorbereitete Wende: Von den nicht strafenden, kühlen Göttern zum wohl noch verhaltenen Lächeln der Venus (angedeutet in ipsa) und zum derberen Lachen (rident) der (vergleichsweise) schlichteren und den Sinnesgenüssen mehr zugetanen Nymphen (simplices Nymphae) und des wilden Knaben, der die Pfeile schärft, obwohl sie vom letzten Schuß noch blutig-naß sind (deswegen färben sie den Wetzstein rot). Wortmalend die Betonung der »t«, »s« und »c« (ardentis acuens sagittas cote cruenta).

Die vom Lächeln zum Lachen, zum wild-eifrigen Mitspiel steigende Dynamik der Strophe 4 wird in Strophe 5 durch das crescit-crescit aufgenommen, in Strophe 6 vom te-te, das in ein abgeschwächtes, auf die Aura bezogenes tua ausklingt. Gelungen in Strophe 6 die Plazierung der sorgenden Mütter (matres metuunt) zwischen die auf ihre Jungstiere bezogenen Worte (suis ... iuvencis; die mütterliche Sorge denkt sich in die gefährdeten Söhne), treffend die Gedankenverbindung zwischen der Sparsamkeit der – deswegen alt wirkenden – Väter (senes parci) und der, zeitlich und im Vergleich zu Barine gesehen, fast – noch – jungfräulich wirkenden Jungvermählten (Wortspiel zwischen nuper und nuptae), der Gegensatz zwischen diesen sittsamen und besorgten jungen Damen und den mit den »Jungstieren« (iuvencis) in Verbindung gebrachten (jeweils am Zeilenende) Ehegatten (maritos), von denen die jungen Gattinnen zwar dem Text nach nur eine verzögerte Heimkehr zu befürchten scheinen (ne retardet), denen aber alles zugetraut wird: ein öffentliches Bestaunen Barines auf dem Gang durch die Stadt (publica cura), aber auch eine alte oder neue Sklavenstelle (servitus) »unter dem Dach« (Doppelbedeutung von tectum) der unfromm-unkeuschen (Doppelbedeutung von inpiae) »Herrin« (dominae, sie beherrscht durch Freiheitsberaubung). Als Ursache der möglichen Verzögerung wird allerdings nicht der böse Wille Barines genannt, sondern ihre Schönheit, ihre Anmut, der sie umgebende Hauch (aura), ein Naturereignis wie die Brise (Doppelbedeutung von aura), die die Rückkehr des Seemanns in den Hafen verzögert.

II 9

An seinen Freund Valgius, der sich der Schule der Elegiker angeschlossen hat, aber nicht minder an den Kreis der römischen Kenner ist dieses schöne, amüsant-ironische Gedicht gerichtet, in dem nichts ernst zu nehmen ist als Horazens Abneigung gegen den ununterbrochenen Gefühlsüberschwang, das endlose, ausufernde Lamento dieser Dichtrichtung – und als das leuchtende poetische Gegenbeispiel, die Kost horazischer Kunst, die diese Ode im gleichen Atemzug gibt. Weniger im Tadel (tu semper urges, mollium querelarum), in der Aufforderung (desine tandem, cantemus) liegt die Belehrung als im Schmuck der eigenen dichterischen Form aus Aussage und Bild, Maß und Beziehung der sich zum Ganzen webenden Nebenbedeutungen.

Die Natur widerspricht mit ihrem Wesen der Elegie jener Zeit (Strophen 1 bis 3): Sie ist nicht endlos, gerade auch nicht in den Erscheinungen, die den Formen der elegischen Dichtkunst verglichen werden könnten, Erscheinungen, die sowohl durch Übermaß als auch (deswegen) durch Unfruchtbarkeit gekennzeichnet sind. Der Tadel der naturwidrigen Endlosigkeit steht im Vordergrund, der Vorwurf der Unfruchtbarkeit wird (höflich) in den Bildern ausgedrückt.

So widerspricht es (Strophen 1 und 2) den endlosen, keiner wirklichen Trauerarbeit dienenden Klageweisen des Elegikers (flebilibus modis; flebilibus deutet das unfruchtbar-unwesentliche Weinerliche an), daß selbst die Ströme des Landregens (imbres = Plural) aus den Wolken nicht ohne Ende (non semper) in das verwilderte (unfruchtbare) Brachland (hispidos agros) rinnen, sich ergießen (manant), ohne Nutzen für ein solches Land zu bringen. Der ständigen leidenschaftlichen Suche (tu semper urges) nach dem hinweggenommenen (ademptum, wohl: verstorbenen) Lustknaben Mystes (weist dieser Name auf das griechische Wort für »Augen schließen«?), die zwecklos ist, weil keiner ihn wiederbringen kann, widerspricht es, daß das Kaspische Meer nicht ständig von unberechenbaren (und daher für die Segler nutzlosen und gefährlichen) Windböen (inaequales procellae) gepeitscht wird. Der ständigen Starrheit des Schmerzes, anklingend in dem Namen Mystes und in der Kälte der Nacht, in der, wenn der Abendstern gekommen ist (Vespero surgente), die traurigen Liebesklagelieder (amores) den Freund in fruchtloser, unerquicklicher Weise nicht zur Ruhe kommen lassen (nec tibi decedunt amores), widerspricht es, daß an den Küstenstrichen Armeniens nicht alle Monate des Jahres (mensis per omnis) das allem Leben feindliche Eis starr und gläsern unbewegt steht (stat glacies iners). Daß die Liebesschmerzen (amores) auch dann nicht weichen, sondern – so wird angedeutet – heißglühend verstärkt werden, wenn der Abendstern vor der in gieriger, raffender Glut daherkommenden Sonne (rapidum solem; in rapidum klingt rapere an) flieht, widerspricht es, daß die Eichenwälder Garganos nicht ständig unter den Schneelasten bringenden Nordstürmen (aquilonibus) ächzend leiden (laborant), die sie und die Eschen zerstörerisch ihrer Blätter berauben (foliis viduantur).

Zwischen der 3. und der 4. Strophe, in der Mitte des Gedichts, betont durch das »at«, verläuft eine weitere Spiegelungsebene: Der elegischen Dichtart wird in der Strophe 4 wie ein zweiter Spiegel (neben der Natur) die realistischere (peripatetische, vgl. II 10 aurea mediocritas), weisere Lebensart der Alten vorgehalten: Daß Nestor, der drei Generationen lang herrschte (ter aevo functus), den geliebten Sohn Antilochus nicht all seine (vielen) Jahre beklagt hat und daß weder die Eltern Priamos und Hekuba noch die Schwestern Kassandra und Polyxena den von Achill getöteten Knaben Troilos endlos beweint haben: Nestor und die trojanische Familie verhielten sich natürlicher (Verbindungsgedanke zu den Strophen 1 und 2), sie standen der Welt der Taten näher, sie waren (deswegen) ruhmreiche Gestalten Griechenlands, und der sie besang, war ein Großer unter den Dichtern: Homer.

Die beiden letzten Strophen (5 und 6) enthalten die daraus gewonnene Lehre: Dem Freund wird geraten, endlich (tandem) von der weichlich-unfruchtbaren Klagerei (mollium querelarum; Gegensatz zwischen dem weichen mollium und den mit querelarum verbundenen schrillen Tönen) abzulassen (desine) und (wie Homer) lieber (und mit der Aussicht auf mehr dichterische Kraft: potius) über die Taten der Großen seiner Zeit zu dichten und zu singen (cantemus; es bleibt trotz der wir-Form in eleganter Weise offen, ob Horaz sich selbst daran beteiligen würde), etwa über die Kriegserfolge, die Beutestücke und Siegeszeichen (tropaea) des Kaisers Augustus, die hart und rauh errungen worden sind (Bild des rauhen Niphates-Gebirges), Kriegserfolge, die fremde Flußgötter in die Schar der Besiegten einreihen (römische Denkart ausbreitend), sie zu gemäßigteren, schwächeren Wellenwirbeln zwingen (minores volvere vertices), Kriegserfolge, die die besiegten Völker und ihre Leidenschaften in ihre Grenzen verweisen und dort halten (Bild der Geloner, die sich – wie ihre Pferde – im engeren vorgeschriebenen Kreis und daher – wie die Flußwirbel – langsamer bewegen müssen).

Zugleich eine Mahnung zur Mäßigung als Form und Wesen der Dichtkunst: Der Dichter soll die eigenen Gefühle ebenso wie die äußeren Ereignisse zähmen. Zähmen wie Augustus die besiegten Völker (gentibus victis), sie nicht vernichten, sondern sie in gebändigten Wirbeln sich drehen lassen (minores volvere vertices), sie innerhalb gesetzter Grenzen (intraque praescriptum) in begrenztem Feld (exiguis campis) kunstvoll zum Ausdruck bringen (Bild des Reitens auf engem Raum). Zur Kunst gehört nach Horaz die Reduktion, die Verneinung (s. Kommentare zu Oden I 1 und I 38), die zu einer Verdichtung und Vereinfachung der Wirklichkeit und der Aussage führen. Der Elegie fehlt diese Kunst der Verneinung, sie ist daher keine Kunst, ist weich (mollium querelarum), impotent (vgl. potius).

Äußerlich ist dies scheinbar ein Gedicht, das den über den Verlust eines Knaben Trauernden trösten und ins Leben zurückführen soll. Dahinter steht aber eine köstlich übertriebene, bilderreich-ironische Kritik der Elegie, mit »tongue in cheek« eine Aufforderung, sich dann (wenigstens) der (»nützlicheren«) Hofdichterei hinzugeben, von der Horaz sich wiederum, weil »cantemus« vom ironischen Ton des gesamten Gedichts gefärbt wird, wohl fernhalten möchte. Auf einer dritten Ebene aber, angedeutet durch die Negation der Elegie und durch die Bilder der letzten Strophe, erweist es sich als ein erneutes Bekenntnis zur Kunst als Verdichtung der Wirklichkeit.

II 10

Eine Belehrung, ein politisches Gedicht, eine Warnung für Licinius Murena, der in des Augustus Ungnade gefallen ist und, ob er die Warnung nun beherzigt hat oder nicht, auf der Flucht einem ambush-Kommando des Kaisers zum Opfer fiel, Schwager des Maecenas, dessen Frau ihrem Bruder das Zeichen zur Flucht gab.

Wer so im eisigen Winde der Politik dichtet, den verläßt die Poesie, ja selbst die horazische hintergründige Ironie. Ein abgewogenes Lehrgedicht bleibt zurück. Sollte es etwa den Augustus bewegen, sein Mitempfinden ansprechen, so wie die Leier die schlafende Muse weckt, ihn auffordern, den Bogen des Apoll nicht ständig zu spannen? Daß ein Gedicht hierzu untauglich war, kann man dieser Ode anmerken: Ihr fehlt die poetische Überzeugung, sie ist gezirkelt und sachlich, ein Kunstwerk nur durch ihre Ordnung, ihre Form. Sie kann und will das Verneinte (s. Oden I 1 und I 38) nicht konkret bezeichnen. Der Dichter kann seine Methode hier nur auf einer formalen, abstrakten Ebene anwenden.

Die erste und letzte Strophe wenden das Bild des Seefahrers auf den Beratenen an (nicht zu kühn und nicht zu ängstlich). Die zweite und die zweitletzte Strophe sind durch die sinnnahen Begriffe Haus und Musen verbunden, die beiden mittleren Strophen durch das Bild des Wetters mit Wind, Blitzen und ungestalten Wintern. Im Zentrum des Gedichts – etwas aus der Mitte nach hinten verschoben – im Übergang zwischen der 3. und der 4. Strophe steht Jupiter (Augustus), der darüber entscheidet, ob die scheußlichen Winter wiederkommen (so unschön, wie das Leben vor dem Aufstieg in der Gunst war, vielleicht auch schlimmer) oder ob sie sich wieder entfernen (die Gunst zurückkehrt).

Ein solches Gedicht geht einem nicht leicht von der Hand. Es ist gedrechselt, an ihm ist gefeilt worden: Die Alarmstimmung, in der es geschrieben wurde und in der es vielleicht etwas bewirken wollte, kommt in den Steigerungen (rectius, sobrius, saepius, graviore) und den Extremlagen (nimium, summos, montis, turgida vela) zum Ausdruck, vor allem aber in der Gefährdung gerade der hohen Lagen für den großen Fall:

In der Gefährdung der mächtigen Pinie, der hohen Türme und der höchsten Berge, eine deutliche Anspielung auf den hohen Rang des Adressaten.

Trost kann Horaz nicht spenden, nur Rat für taktisch richtiges Verhalten. Er weiß: Seine Poesie kann den Mächtigen in solchen Staatsgeschäften nicht bewegen. Dünn klingt seine Hoffnung, daß das gegenwärtige Schlechte einst (olim) nicht mehr so sein wird. Auch das Zitat der goldenen Mitte (auream mediocrita tem), die Verwendung dieses Kennwortes der Peripatetiker, bietet dem Bedrohten keine Hilfe: Es liegt ja weniger am Günstling, die Lage zu ändern, als an der Gunst, über die der Mächtige verfügt.

II 11

Das Maß ist das Thema auch dieses Gedichts, in vielen schönen und ironischen Variationen. Das Maß in der Angst vor den fernen Gefahren der Politik und des Krieges und vor dem nahen Mangel an täglichem Brot (Strophe 1), das Maß in der Sorge um die entfliehende Jugendlebenskraft, um die Unerfüllbarkeit von immer noch lockenden Träumen und um die Ruhe, den erquickenden Schlaf, die uns meiden wollen (Strophe 2). Das Maß aber auch im Genuß von Wein (Strophe 5), Weib und Gesang (Strophe 6). In der Mitte der Ode (Strophen 3 und 4), am Ende der Mahnung »Laß ab von den Sorgen« und am Beginn der Aufforderung zum Genuß mit Maß, die geschützte Aussage des Gedichts: Ermüde dich nicht mit Gedanken, die dem Jetzt ausweichen und deiner Seele nicht gemäß sind (Strophe 3), lege dich in den Schatten der Bäume (öffne dich dem Nun) und sei nur einfach da (sic temere), laß noch die weißen Haare von Rosen duften, belebe dein trockenes Grauhaar (arida canitie) mit duftendem assyrischem Öl und trinke (die Gegenwart, mit Maß; Strophe 4).

Die Meisterschaft liegt in der Durchführung dieses Gedankens, in den raschen, aus der Mitte sicher geführten Strichen, in der Mischung von Ironie und poetischer Realität. Schon die erste Sorge des Hirpinius Quinctius ist dreifach wirklichkeitsfern: (1) Die kriegerischen und ungebildeten Cantabrer in Nordspanien (Ode II, 6) sind weit entfernt, erst recht die Skythen am Schwarzen Meer; (2) ein aktueller Anlaß besteht für die Kriegssorge nicht, denn es geht nur darum, was sie im Schilde führen mögen (cogitet); außerdem ist (3) die Adria ein trennendes, schützendes Hindernis, das der Gefahr entgegensteht (Hadria divisus obiecto). Nicht durch wirkliche Gefahren in der Außenwelt veranlaßt ist auch das angstvolle Drängen und Streben (trepides) nach einer Sicherung der Bedürfnisse (usum) des Alters (aevi); es hat sich immer rechtzeitig etwas eingestellt; und das Alter braucht in Wirklichkeit nicht viel (poscentis aevi pauca). Die Gefahr für das glückliche Gleichgewicht, sagt der Dichter, geht daher vom Innern des Menschen aus. Du suchst in der falschen Richtung, dein strebendes angstvolles Sorgen, gib es auf, laß es (remittas quaerere; vgl. Ode I, 9: fuge quaerere), zähme deine Angst.

Wer seine Sorgen so mäßigt und bändigt (remittas), kann den wahren Gründen seiner Furcht ruhig ins Auge sehen (Strophe 2). Es ist richtig, daß die Jugend und alles, was sie schmückt (decor), hinter uns zurückweicht, und zwar in einem Tempo, das wie eine Flucht wirkt (Ode I, 11 spricht sogar von einer absichtsvollen, neidischen Flucht: fugerit invida aetas). Es stimmt, daß wir, obwohl unser Haar stumpf und grau wird (arida canitie), noch von verlockenden Träumen heimgesucht werden, denen wir nicht mehr entsprechen können, obwohl wir es wünschen, die wir daher ärgerlich verscheuchen (pellente lascivos amores; wegen des folgenden Gedankens keine wirklichen Versucherinnen), und daß uns daher der lösende, leichte Schlaf (facilemque somnum) mehr und mehr, wie absichtlich, meidet (fugit).

Die Antwort für den sich Begrenzenden auf diese nachlassende Lebenskraft ist nicht Resignation, sondern der Hinweis auf den Puls des (gegenwärtigen) Lebens (s. Ode I 9 und I 11). Es kommt auf die Verfassung an, mit der wir der Gegenwart begegnen. Die Blumenpracht des Frühlings (floribus, honor vernis) wechselt schon im Frühling und bleibt nicht, sie wechselt, weil andere Blumen kommen (non semper idem). Und auch der rote Mond (luna rubens) bleibt nicht immer gleich: Ist es jetzt der rotdrohende Mond, kann er gleich der schönglänzende, rot heraufkommende Frühlingsmond in lauer Nacht werden (nitet), und umgekehrt (Lockung und Gefahr klingen zugleich an). Die Schnelligkeit des Lebens fordert daher Präsenz. Das ewige Überlegen und Grübeln (aeternis consiliis) in eine nicht gegenwärtige Zeit hinein entspricht daher nicht der Natur, nicht deiner Natur, es ermüdet dich (fatigas), dein Geist und deine Seele sind dafür nicht geschaffen, zu klein (minorem animum; ein spöttischer Seitenhieb und eine Aussage über die Fruchtlosigkeit solchen Seelenstrebens), das Grübeln läßt dich die überraschenden Wendungen des Lebens verpassen.

Wie das Leben uns heiter, überraschend, wendungsreich hin und her treiben kann, wie wir darin glücklich sein können, wenn wir nur einfach da sind (temere) und das Maß, die Mitte unseres Spiels geistesgegenwärtig achten, führt der Dichter in den nächsten drei Strophen (4 bis 6) in einer köstlichen Folge von ironisch gebrochenen Bildern der Glücksuche des (mittleren) Alters vor.

Es beginnt mit der bekannten (vgl. Ode II, 3) fragenden Aufforderung: Laß uns in dem Schatten der hochragenden (und sich breit wölbenden) Platane oder Pinie ruhen und liegen (iacentes), nur einfach da-sein (sic temere), also uns der Tiefe des Daseins öffnen (Doppelbedeutung von alta). Lange hält man das nicht durch, und ohne Hilfen gelingt es nicht: Auffordernde Frage, ob wir nicht trinken sollten (potamus), und schon sprühen wir Rosenduft in das weiße Haar, salben wir uns mit assyrischem Öl. Ein fremder Betrachter, der unsere liegende, lösende Ruhe, die lösende Kraft des Weins nicht bedenkt, könnte es kindisch finden, und so ist es auch: Das Alter kennt auch sein Kind-Sein, warum nicht Rosenduft ins weiße, Öl ins trocken-stumpfe Haar (dum licet)?

Doch das Alter kennt seine Grenzen. Es stützt sich auf sie und achtet sie. Köstlich der Befehl an die Sklaven: auf einmal muß es ganz rasch gehen, sie sollen um die Wette laufen (quis puer ocius) und den brennend-glühenden Falerner im Becher (ardentis Falerni pocula) durch Wasser verdünnen (restinguet), die Lust am Leben und Lieben (der Gedanke klingt auch in Bezug auf die Sklaven dementierbar an) löschen helfen (durch Wasser und vielleicht auch anderswie), so wie der Bach kühlt, der vorüberfließt, die Nymphe kühlen könnte, die (im Bach) vorbeischwebt (Doppelbedeutung von lympha).

Der Gedanke an die Nymphe bringt den assoziativ plaudernden Dichter auf den Gedanken an Lydia und im vom Wein schwebenden Kopf fallen die Gedanken in rascher Folge durcheinander: Lydia ist eine Hetäre (scortum) – wer wird sich sonst zu den Alten begeben wollen? Aber auch sie muß gelockt werden (eliciet), weil sie zögert (im Haus bleiben will, domo), sie müßte schon einen Umweg machen (devium) und zugleich (Doppelbedeutung von devium) andere »Pflichten« vernachlässigen (s. Ode I, 17, Strophe 2), sie geht ihren Dingen elegant – heimlich nach, ist also zu haben, oder auch nicht. Sogleich aber wieder der Gedanke der Mäßigung. Der Dichter ruft den Sklaven hinterher (age dic), Lydia möge ihre Lyra mitbringen, der Gedanke an Lydias Haut hat ihn vielleicht an das Elfenbein der Lyra denken lassen (Lýden ebúrna rhythmisch verbunden). Der eigentliche Grund für den ins Musikalische sublimierten Wunsch bleibt aber bestehen, die Eile zeigt es, die die Sklaven (age dic) und Lydia an den Tag legen sollen (maturet). Lydia soll sich nicht lange kämmen (incomptum). Aber sogleich wieder die Begrenzung, der Gedanke, es dürfe nicht zuviel werden:

Das Haar soll nicht in wilder Freiheit fliegen, sondern nach »spartanischer Art« (Lacaenae more) zurückgekämmt (religata) und in einem Knoten gebunden (nodum) sein (Ode I 5). Das Schöne wird nur in Begrenzung schön, in einer kunstvoll einfachen Begrenzung, in einer Verdichtung.

Bändigung der Ängste und Leidenschaften (Ode I 22), Zuwendung zum Jetzt (Ode I, 9, 11), Verdichtung der Gegenwart durch Verneinung und Schutz für das Nichtverneinte (Oden I 1, 38), das Gedicht läßt diese Kerngedanken des Horaz poetisch anklingen.

II 12

Eine Ode, deren Verständnis auf der Ebene der unmittelbaren Aussage Schwierigkeiten bereitet. Der Form nach handelt es sich um eine »recusatio«, in der der Dichter sich nicht als würdig bezeichnet, ein hohes, viel besungenes Thema zu behandeln, und sich einem einfachen Thema oder einem neuen Weg zuwendet. Hier ist es aber nicht der Dichter, der sich für ein bestimmtes Thema als unfähig bezeichnet, er folgt vielmehr dem Wunsch des Maecaenas (nolis, vgl. velis), in Wirklichkeit sogar dem Gebot der Muse (me voluit musa dicere). Weitere Fragen beziehen sich auf die Personen. Handelt es sich um eine Geliebte oder die Frau (Terentia) des Maecenas (domina, num tu), wie manche meinen (dazu paßt weder die zweitletzte Strophe – Maecenas ist schon reich – noch die dann reichlich unpassende erotische Schlußstrophe), oder soll domina als »Geliebte« (des Horaz) übersetzt und »num tu« als Redewendung (auch du würdest nicht) verstanden werden?

Der Schlüssel zum Verständnis der hintergründigen Aussage könnte in dem Hinweis stecken, daß die Großtaten der ersten und zweiten Strophe (nicht unmittelbar für den Dichter, sondern) für die Klänge der Leier ungeeignet sind (nolis aptari citharae modis), und in der Bemerkung, daß von den Großtaten des Augustus Maecenas besser (melius) »in Prosaform« (pedestribus) berichtet. Dem läßt sich der Gedanke entnehmen, daß Horaz nicht nach der Art der klassischen recusatio seine eigenen Fähigkeiten zur Behandlung dieser Themen in Abrede stellt, sondern daß er eine Übereinstimmung zwischen Inhalt (Gegenstand) und Form der Ode als Forderung seiner Muse bezeichnet. Dann handelt es sich um ein Gedicht auf literarischer Ebene, eine Ode über die dem Dichter gemäße Form der Dichtung, die zur Leier gesungen wird, und nur mittelbar um eine Ode über die dieser Form gemäßen Themen.

Betrachtet man die Ode unter diesem literarischen Aspekt, so könnte sich hinter dem in der erotischen Schlußstrophe gipfelnden Lobpreis Licymnias ein Preisen der Muse des Dichters und seines Verhältnisses zu ihr dementierbar verbergen. Das »num tu . . . velis« wäre dann wie das »nolis« als eine Aufforderung an Maecenas zu verstehen, warum Horaz (aus Gründen von so zwingender Gewalt wie einer Liebe zu dem charmant beschriebenen, erdachten Mädchen Licymnia) nicht von seiner Oden-Lyra-Kunst und den zu dieser passenden Themen lassen kann, um alle Schätze der Welt nicht.

Läßt man sich auf diese Interpretation ein, so vergleicht der Dichter seine Kunst, sein Verhältnis zu ihr – in der Mitte des Gedichts, in der durch das wiederholte »me« betonten Strophe 4 – mit dem Verhältnis zu einem Mädchen, das den bezeichnenden Namen Licymnia (die klar Singende) trägt, das ihn in süßer Weise wie eine Herrin den Sklaven oder Geliebten (dulcis dominae) beherrscht, das mit der hymnische Weisen fordernden (Licymnia klingt an an hymnia und steht zwischen musa und cantus) Muse identisch ist (musa zwischen dominae und Licymniae). Diese Muse hat nicht befohlen, sondern einfach »gewollt« (voluit) und ihn dadurch zu einem Leuchtenden »angemacht«, ihn zur Klarheit geführt, sie, deren Augen leuchtend blitzen (lucidum fulgentis; Doppelbezug von lucidum als

Adverb zu fulgentis und als Adjektiv zu me). Die Muse, die dem Dichter treu ist, wenn dieser ihr die Treue hält, bei stets gegebener Gefahr des Wechsels (Hintersinn von mutuis amoribus), eine treue Flüchtige, die nicht zu halten ist, aber vorerst verbleibt.

Eine Muse, eine Dichtkunst aus Griechenland, die ihr Alter hat und ihre Würde (Strophe 5), der es einst gut stand (dedecuit im Perfekt), am Festtag Dianas im Tempel mit den geschmückten Jungfrauen gemessenen Schritts zu tanzen, übermütig scherzend zu streiten und graziös im unschuldigen Reigen die Arme zu verschränken (dare bracchia). Eine Muse (Strophe 7), die ihre Zauberkraft, ihren Zwang für den Dichter jetzt so ausübt wie eine Geliebte (oder Hetäre), die durch scheinbare Verweigerung (das Abwenden, das den Nacken zum Küssen anbietet) gerade aufs äußerste reizt und quält (detorquet im Präsens, darin: torquere, was auch martern, quälen heißt) und die heißeste Begierde (zum dichterischen Sprechen) entfacht (flagrantia ad oscula), ein Abwenden, das durch das mit »oder« (also gegensätzlich) verbundene Sich-verweigern in spielerischer Wildheit vollends als Lockspiel entlarvt wird, was, im raschen Doppelschritt gesteigert, dann unverhüllt gesagt wird: Sie, die Herrin, hat noch mehr vom Spiel als ihr Knecht, sie ergreift mitunter sogar die Initiative und rafft den Dichter hin, wie eine Frau dem Geliebten, wenn er sich nicht vorsieht, einen Kuß raubt.

Eine Kunst mit so erotischer, schöpferischer Nähe und Unbedingtheit, eine so gebieterische und unberechenbare Schönheit ist mehr wert als alle unermeßlichen Schätze der großen historischen und politischen Dichtung (Strophe 6). Ja, eine Locke (crine) dieser Holden wiegt die sagenhaften Reichtümer der Perser (für sie steht der König Achaemenes), die reichen Ernten (und damit Reichtümer, Mehrfachbedeutung von opes) Phrygiens (wo die Mygdoner wohnen) oder die von Gold schlechthin vollen (plenas) Häuser arabischer Fürsten mehr als auf. Die Frage der Gleichwertigkeit auch nur stellen heißt sie verneinen (num tu: Du wirst doch nicht).

Gesprächspartner ist Maecenas. Er versteht Horaz, er schätzt seine Kunst, der Dichter leitet (Strophe 1) seine »Entschuldigung« schon gleich mit einem »Du willst nicht« (nolis) ein, vielleicht aber auch mit einem Hauch des besorgteren »Du willst doch nicht«. Die Wertschätzung durch Maecenas ist damit von ähnlicher Treue geprägt wie die der Musen: Treue inmitten möglicher Untreue (fidum pectus inmitten mutuis amoribus).

Die so allegorisch anklingende Muse des Dichters wird gleich in der ersten Strophe der heroisch-epischen Dichtkunst gegenübergestellt, die lang, kühnwild und kriegerisch wie die Belagerung Numantias (longa ferae bella Numantiae) ist, die die Härte und Ausdauer Hannibals (durum Hannibalem) voraussetzt und mit prächtig-roten Ölfarben kolossal übertriebene Seeschlachten malt, bei denen ein ganzes Meer von phönizischem Blut rot gefärbt ist (mare poeno purpureum sanguine), Großsujets, die sich nicht zum Gegenstand einer Leier- und Odenkunst (citharae) umformen (aptari) lassen, ganz ungeeignet (aptus in aptari) sind für die zugleich weichen und gelassenen (Doppelbedeutung von mollis) Klänge der horazischen Dichtkunst, die (5. und 7. Strophe) tanzt, scherzt, spielt, nur scheinbar verweigert und in Verweigerung versteckt gewährt.

Für den unsinnigen zerstörerischen Stolz (Numantia) ist diese raffinierte, gebändigte Dichtkunst ebenso ungeeignet wie für tierische Wildheit (Lapithen) oder gar für unmäßige Trunkenheit (Hylaeus) oder für ungeschlachte Riesenkinderkämpfe (telluris iuvenes), die selbst glänzende alte Häuser (fulgens domus Saturni veteris) zum Erzittern bringen.

Solche Eigenschaften und Ereignisse sprengen die Odenkunst (oder sind für sie nicht bedeutend genug), erst recht (dies ist eine gewagte Wendung) Geschichten von des Kaisers

Schlachten (historiis proelia Caesaris), von seinen Triumphzügen, bei denen Könige mit gebeugtem Nacken (wir denken an Vercingetorix und Jugurtha) in Ketten geführt werden (ductaque per vias regum colla minacium), Geschichten, die nur in Prosa (pedestribus) erzählt werden können. Eine gewagte Aussage, die raffiniert dadurch getarnt wird, daß das Erzählen solcher Prosageschichten dem Maecenas zugewiesen wird, der dies würdiger und besser (melius) könne als der Dichter. Hier dient die Form der recusatio als Versteck, genauer: als durchsichtige Dementi-Form.

Im Angriff auf und in der Abwertung von Konkurrenten sind Wissenschaftler und Dichter schon immer besonders motiviert und befähigt gewesen, wahrscheinlich getrieben von der Sorge um das ungeschützte, auf Anerkennung angewiesene eigene Werk. Die Ode ist ein weiterer Beweis für diese Erfahrungsregel. Neben ihrer eleganten Form berührt uns heute der Gedanke, daß das Verhältnis des Dichters zu seiner Kunst mit einem Liebesverhältnis verglichen werden kann, in dem der Dichter zu dienen hat, als Werkzeug dient, ein Liebesverhältnis, bei dem nicht selten die Muse spontan selbst handelt und den Dichter überrascht.

II 13

Was wie ein ironisch überzeichnetes traditionelles Epigramm aus Anlaß eines fast tödlichen Baumfalls beginnt, endet mit dem Orpheus-Motiv, vordergründig dem Alkäus und der Sappho zugeschrieben, hintergründig dem tatsächlich aus dem Fast-Tod zurückgekehrten Dichter, der damit den guten Ausgang des Unglücks zugleich als ein Urteil über seine Liedkunst (vgl. iudicantem Aeacum) wertet.

Wer einem existenzgefährdenden Unglück entrinnt, spricht atemlos, überstürzt, fast unzurechnungsfähig. Die übertriebene Anklage gegen den Baum und seinen Pflanzer ist nicht nur eine Ironisierung bekannter Unglücksbeschimpfungen, sondern auch – gerade bei einem stets zur Gelassenheit und Maß mahnenden Dichter – Ausdruck einer Erschütterung durch ein Todeserlebnis. Dieser Einführung bedarf es in der Ode, um den Dichter als einen Beinahe-Besucher in der Unterwelt darzustellen und hieraus die verdeckte Aussage über die lebensgewinnende Kraft seiner Dichtung abzuleiten.

Genau die erste Hälfte des Gedichts ist der Unglücksbeschimpfung und – im Furor langsam nachlassend – allgemeinen Ausführungen über die Gefahren gewidmet, die auch auf den Vorsichtigsten lauern. In der zweiten Hälfte, in der der Dichter zu einer ruhigeren Sprache zurückfindet (und damit zugleich seine Glaubwürdigkeit steigert), wird das Fast-Todeserlebnis zum Fast-Besuch der Unterwelt erweitert. Der Dichter stand »mit einem Bein im Grab«. Als vates kann er über das berichten, was er fast sah und hörte: über die Unterwelt im Bann der Lieder von Alkäus und Sappho.

Indem der Dichter Alkäus (und nicht Sappho) anspricht (te) und ihm den volleren Klang der goldenen Leier zuspricht (sonantem plenius aureo plectro), drückt er nicht nur eine Vorliebe aus, sondern bringt sich als den Fast- oder Soeben-Besucher in eine Gedankenverbindung mit ihm, eine der Zuhörerschaft des Horaz bekannte Aussage (Ode I 37).

Mit dem überraschenden »quin« (vgl. Ode I 10) tritt dann der so sorgfältig vorbereitete Gedanke hervor: Das Orpheus-Motiv kling an. Bezöge es sich allein auf Alkäus und Sappho, so wäre es nur halb durchgeführt, denn beide kehren nicht zurück. Vollständig klingt es dagegen an, wenn man es (auch) auf den Dichter und seine Dichtkunst bezieht.

Dies erscheint in doppelter Weise möglich: Der Dichter ist aus dem Tod zurückgekehrt, weil seine Muse und die Götter ihn wegen seiner Lieder schützen (Ode I 7: di me tuentur; Ode I 26: unice securus). Er will sich mit seiner Rückkehr natürlich nicht dem Alkäus und der Sappho überlegen zeigen. Vielmehr kehrt er als noch Lebender zurück, weil er in gleicher Weise die Laute in vollem Tone schlägt, in gleicher Weise singt wie Alkäus. Als verwandelnder Fortsetzer griechischer Liederkunst (Ode I, 27: Latinum carmen) erscheint also einmal der Dichter als Orpheus, der sich selbst an die Oberwelt zurückbringt, Sappho und Alkäus aber, so läßt sich weiter assoziieren, wie Eurydike zurückläßt (bis er selbst nach seinem wirklichen Tod die sedes discretas piorum erreicht), ihnen in Liebe verbunden, ihnen, denen er die Rückkehr verdankt. Möglich ist aber auch ein zweiter Gedanke: Zurückgekehrt ist als wahrer Orpheus das sich selbst singende Lied in der Form von Alkäus und Sappho, die der Dichter übernimmt. Die Liedform der beiden griechischen Dichter ist in die römische Welt zurückgekehrt. Der Dichter ist nichts mehr als das Medium dieser Wiedererstehung (vgl. Ode I 26). Eine nur denkbare zauberhaft verdeckte und damit geschützte Doppelaussage, die aber dem Gedicht die gedankliche Einheit gibt.

II 14

An Postumus, wohl einen Landbesitzer im verwandtschaftlichen Umkreis des Maecenas, durch das das »du« erweiternde »wir« (vescimur, erimus, carebimus, metuemus) aber an uns alle (omnibus) richtet der Dichter einen kaum vom spöttischen Ton gemilderten Gesang über die fließende Zeit, das nicht hinausschiebbare Ereignis des Todes und die erlahmende Bewegung, die Gefangenschaft, die unendliche Länge der »Todeszeit«, deren Trennung vom Leben durch das Kontrastbild des fröhlich und wenig sparsamen, vom geerbten Wein zechenden Erben nur noch an Härte gewinnt (ähnlich II, 3, 19/20).

Aus antikem, griechischem Material organisiert Horaz ein Kunstwerk feinster Durchbildung und poetischer Prägung.

Das Fließen der Zeit (labuntur anni) steigert sich in Strophe 1 über das Bild des drohenden Alters (instanti senectae) zum Bild des Todesereignisses als eines unbezähmbar tosenden Wildbachs (indomitaeque mortis) – um dann nach dem (vom Landbesitzer auch durch Stieropfer riesigen Ausmaßes nicht zu verhindernden, Strophe 2) Tod dem Bild eines traurig-still sich im Kreis bewegenden (und so gefangennehmenden; vgl. II, 9, letzte Strophe) Wassers (tristi conpescit unda, Strophe 3) gegenübergestellt zu werden. Die gleiche Aussage wird wie in einer zweiten Welle wiederholt, wenn nach den Bildern der bewegten vier Elemente (dem blutigen Landkrieg – cruento Marte –, der röhrenden, Wellen und Schiffe brechenden Adria, fractisque rauci fluctibus Hadriae – und dem Feuer und Luft verbindenden heißen Südwind, Auster) das träge Dahinirren (ziellos wie eine Bewegung nach einem nicht einsehbaren Gesetz) des Cocytos (des Nebenflusses des Styx, des Flusses der Tränen) beschrieben wird.

Außerhalb dieses Gegenübers aus dem immer stürmischer dem Ende zu reißenden Lebensstrom und den langsamer werdenden Bewegungen des Wassers nach dem Tod steht das fröhliche Weingelage des Erben, bei dem der Wein unverdünnt (mero), ohne Maß und ohne Gedanken an das Ende genossen wird, auf den Steinboden des Palastes des Verstorbenen tropft und dort rote Flecken (wie von Blut) bildet (tinguet pavimento; s. oben: cruento), so daß (gestützt durch den Vergleich mit dem Priesterfest) ironisch das Bild eines Opfers anklingt: Der Erbe opfert den (oder vom) Beerbten und genießt den Opfertrank, so wie die Priester es tun. Der Widerspruch zwischen dem »Lebe jetzt« und der Kritik an dem unmäßigen Genuß des Erben bricht sich in der Aussage, daß der Erbe sogar würdiger handle als der sparsame Postumus (dignior).

Die feine Durchbildung des Gedichts zeigt sich in vielen Einzelheiten. In der ersten Zeile wird die Flüchtigkeit der Zeit dem Postumus gegenübergestellt, wie in der zweiten Zeile das

Dahinfließen der Jahre im Gegensatz zu der dem Postumus schon durch das gemeinsame »p« am Beginn zugeordneten Frömmelei steht. Das »moram« wird dem an gleicher Zeilenposition stehenden »morti« gegenübergestellt, die Steigerung durch labuntur (Deponenspassiv), instanti, indomitaeque hergestellt und durch das »non si« noch weiter verschärft. »Trecenis« und »quotquot« stehen nebeneinander und unterstreichen, wie beliebig die Mittel sind, den Tod zu verzögern, und wie nutzlos sie sind, ein Gedanke, der durch die unerbittliche Sequenz der Gerundive »enaviganda« (noch versteckt in Strophe 3), »visendas« (schon am Strophenbeginn) und »linquenda« (dem schicksalhaften Muß für einen glücklich Wohlhabenden) und durch das doppelte »frustra« in Strophe 4 (jeweils am Zeilenbeginn) wiederholt und schrecklich verstärkt wird.

Die Unberührtheit des Todes von unserem Bemühen, ihm zu entfliehen oder ihn, wie Sisyphus (der ihn in Ketten legte), für kurze Zeit hinauszuschieben, wird schon in der Wortneuschöpfung »inlacrimabilem« deutlich angesprochen und durch die gelassenen, trägen Bewegungen des Wassers im Jenseits zweimal (Übergang der Strophen 2 und 3; Strophe 4) ausgemalt. Das Weinen ist Sache der Opfer (die Tropfen des Postumus-Rotweins in Strophe 7).

Wenn das »dignior«, auf den Erben gemünzt, nicht reiner Hohn sein soll, dann kann es nur bedeuten, daß ein sich unmäßig dem Leben Zuwendender immer noch klüger ist als ein sich ängstlich und sparsam dem Leben Entziehender. Die ganze Last des Gedichts mit seiner Vergänglichkeitsbeschwörung drückt auf diesen leicht angedeuteten Gedanken und preßt ihn zum harten Kern der Ode: Die Würde (dignior) des Menschen liegt in seiner Offenheit gegenüber dem Leben, die Öffnung gegenüber dem hinter hundert Ängsten verschlossenen Leben macht den Menschen stolz und daseinsmächtig (superbo, potior), das so genossene Leben ist stärker als ein Leben im heiligen Bereich (pontificum potiore cenis), auch wenn es nur einigen vergeudeten Tropfen gleicht.

II 15

Am Bild der sich auf Kosten der Bauern, der einfachen Villenbesitzer und der allgemeinen freien Nutzung des Landes ausdehnenden kolossalen Landresidenzen der Wirtschaftskönige zeichnet Horaz in einer (so wie die gepriesene einfache Villa) klaren, wohlkonstruierten Ode den Gegensatz zwischen dem Luxusleben des gegenwärtigen Roms und den Regeln der Alten über das einfache Leben. Thema und Bild sind dem Altertum bekannt, die Poesie des Dichters führt uns durch das Mosaik-Kunstwerk der auf knappstem Raum angedeuteten und einander zugeordneten Details.

Bis in die Mitte der mittleren (dritten) Strophe erstreckt sich die Klage, der Tadel, die Warnung vor dem Überhandnehmen der Großreservate für das Wohlleben Weniger, vor dem unfruchtbaren Luxus und der Kraftlosigkeit eines behüteten, müßigen Landlebens in vier den Elementen entsprechenden, auf knappstem Raum versammelten Miniaturbildern.

Die Sommerpaläste der Reichen lassen dem Ackerbauern, dem Pflüger (aratro) nicht genügend *Land* (in iugera steckt iugum, das Joch). Sie werden als massig und kolossal (moles) und spöttisch als königlich (den Geld-und Wirtschaftszaren gehörig) bezeichnet. Unmittelbar davor stehen Ausdrücke der Knappheit, der Kargheit, der Arbeitsbezogenheit (pauca aratro iugera), unmittelbar danach das entsprechende relinquent. An betonter Stelle (Zeilenende und Zeilenanfang) wird die Verbreitung (latius) der ausgedehnten Kunstteiche (extenta stagna) beschrieben (Element *Wasser*), die unbewegte Fläche (stagna) dem meernah-bewegten, fisch- und austernreichen Lukriner See gegenübergestellt, was die Künstlichkeit und Unfruchtbarkeit der (vielleicht nur Zierfische enthaltenden) Teiche andeutet.

Der Vorwurf der Naturwidrigkeit des mangelnden Bemühens, der Unfruchtbarkeit wird weitergeführt: Die weitschattige Platane, als Platz zum Ruhen beliebt, ihr Schatten, lassen das Bewachsen mit Reben (wie es bei den Ulmen möglich ist) nicht zu. Die *Luft* wird erfüllt vom Duft gehäufter und unnützer Blumen: Das schöne Veilchen erscheint als Veilchenbeet (violaria; das Massenhafte von moles wird aufgegriffen), die Myrte, eine einfache Zierde der Braut, erscheint als Myrtengebüsch (myrtus als Plural), die beide einen fast zu starken Duft ausströmen. Diese und alle anderen Düfte (omnis) erscheinen der Nase als Menge (copia, wieder wird der Gedanke von moles aufgegriffen), ihre Aufgabe besteht nur im Nasenkitzel (Luxus), ihre Vielfalt zersprengt den einfachen Duft der fruchtbaren (und daher nützlichen) Olivenhaine, die dort früher standen und ihrem Herrn, dem früheren Besitzer (domino priori), zum Lebensunterhalt dienten. Die *Feuer*strahlen der Sonne (fervidos ictus) dringen durch die durch künstliche Beschneidung dicht verzweigten Lorbeerbüsche nicht mehr hindurch, sie werden ausgeschlossen (excludet), das Symbol für sportliche Leistungen (Lorbeer) dient gerade zum Ausschluß kräftiger Einwirkungen (fervidos ictus) und zum Schutz für das Wohlleben.

Von der Mitte der dritten Strophe bis zum Ende dann der ermahnende Gegensatz: das einfache Leben nach Art der Vorfahren. Romulus, dem Stadtgründer, wird die Vorschrift für ein solches Leben zugeschrieben und dem bärtigen (naturnahen) Cato, dem strengen Zensor, eine Vorschrift, die, kraft höherer Einsicht machtvoll geschaffen (auspiciis), die Gesetze der Alten (veterumque norma) begründete. Der begrenzte Anspruch, den das private Interesse auf Kosten der Interessen aller anderen stellte (Strophe 4), der begrenzte Raum, der ihm zugebilligt wurde, wird in Gegensatz gesetzt zum Luxusanspruch der privaten Säulenvorhallen, die einfache Art zu leben wird illustriert an dem Material, aus dem die Landhäuser erbaut wurden: Für das Dach wurden zufällig gefundene (solche freien Funde waren möglich, weil das Land noch nicht von Großbauern beschlagnahmt war) Rasenstücke (fortuitum caespitem) nicht verschmäht, auch wurden bereits früher benutzte Steine wiederverwendet. Nur für die Städte, die öffentlichen Gebäude und die Rundmauern, sowie für die Tempel der Götter wurden neue Steine (novo saxo) eingesetzt, aber eben auch nur gewöhnliche Steine waren ihr Schmuck (decorare), nicht Marmor, mit dem die »königlichen Kolossalbauten« der Reichen jetzt bestückt werden.

II 16

Die strenge, trotz ihrer Symmetrie assoziativ vorschreitende Ode weist den Weg zur Ruhe über das bescheidene Leben (vivitur parvo bene) und durch den der Gegenwart glücklich zugewandten Geist (laetus in praesens animus). Drei Personengruppen rufen nach der äußeren Ruhe vor äußeren Gefahren (der Reisende mit seinen Seeleuten, die thrakischen Krieger, die wohlhabenden und kämpfenden Meder). Aber diese äußere Ruhe können sie nicht kaufen (non venale; Strophen 1 und 2) – auch nicht mit den drei wertvollsten Gütern (Perlen, Purpur, Gold).

Erst recht nicht kaufen, so führt die Ode assoziativ fort, läßt sich die innere Ruhe, auch nicht mit dem sagenhaften Goldschatz der Perser (zu dem Medi überleitet). Die elenden Unruhen des Geistes (miseros tumultus mentis) lassen sich auch mit Gewalt ebensowenig unterdrücken wie die Aufstände der Plebs (schon wegen der großen Menge) mit der Gewalt der konsularischen Liktoren. Die Sorgen entziehen sich dem unterdrückenden Zugriff wie gefangene, aber nicht fangbare Unglücksvögel, die um die goldgetäfelten Decken der Reichen herschwirren (curas laqueata circum tecta volantis; Strophe 3).

Vom Ende der dritten Strophe bis zu den drei letzten Strophen erstreckt sich dann der vierstrophige Mittelteil, der eingerahmt wird von den beiden erwähnten positiven Aussagen der Ode: Dem Lob des einfachen Lebens (Strophe 4) und des glücklichen gegenwartsbezogenen Geistes (Strophe 7). In diesem Rahmen finden sich zwei negative Aussagen, die eine andere Lebenshaltung abwehren: Aussagen über die Vergeblichkeit eines unklug strebenden Lebens (Strophe 5), eines Lebens, in dem uns die Sorgen stets einholen (umstrittene, aber unentbehrlich echte Strophe 6). Damit entsteht eine perfekte Symmetrie (+ – – +) im Zentrum der Ode, die den in allen Spannungen (der Außenwelt und) der Innenwelt glücklich gegenwärtigen Geist (laetus in praesens animus) des Dichters widerspiegelt.

Schon im Abgesang folgt eine rasche Einschränkung und Bescheidung auch gegenüber diesem Glück: es beseitigt das Bittere im Leben nicht, kann es nur mit langsamem, gelassenem Lächeln mildern (amara lento temperet risu); nichts ist, was in allen seinen Teilen glücklich-beglückend ist (nihil est ab omni parte beatum). Dieses Einerseits des Glücks und das Andererseits des Bitteren gilt nicht nur im Beispiel des Achill (berühmt, doch früher Tod) und des Tithonus (weniger berühmt, aber lang lebend, wenn auch verwandelt in eine Zikade – mit Stimme, aber ohne Macht), sondern – hier springt die Ode ins Halb-Ironische – auch im Fall des Landbesitzers Grosphus, dem das Gedicht gewidmet ist, und im Fall des Dichters (letzte drei Strophen).

Mehrdeutig ist schon die Bemerkung, daß das Schicksal, der Tag, die Stunde dem Dichter als Gabe gewähren könnte (porriget hora), was sie dem Grosphus versagt: Welche der beiden gewünschten Optionen (Berühmtheit/gehaltsvolles kurzes Leben; fehlende Berühmtheit/gehaltloses langes Leben) wünscht Grosphus sich und wird ihm vielleicht (forsan) verweigert (negarit)?

Die in der letzten Strophe nachfolgende Schilderung offenbart keine Präferenz: Zwar sieht man Grosphus inmitten seiner Rinderherden, bei seiner Stute, in purpurnen Gewändern. Die Rinder ummuhen den Wohlhabenden aber in einem idyllischen ländlichen (nicht städtischen) Bild. Die Stute ist für den ehrgeizigen Quadriga-Wettkampf nur geeignet, sie steht aber auf der Weide und reißt für ihren Herrn im Wiehern den Kopf hoch (tibi tollit hinnitum), Grosphus ist in Purpur gekleidet, es ist aber nur ein (allerdings zweifach) purpurgefärbtes Wolltuch (te bis afro murice tinctae vestiunt lanae): Hat Grosphus die Berühmtheit (mit kurzem Leben) oder die Einfachheit (mit langem Leben) gewählt? Auch aus der gegensätzlichen Wahl des Dichters (hervorgehobenes te und mihi) wird nicht deutlich, ob dieser oder Grosphus Achill oder Tithonus ist: Für den Dichter als kleine Tithonus-Zikade spricht, daß er keine Macht hat und nur unter dem Einfluß der bescheidenen Quellnymphe (Graiae tenuem Camenae) dichtet; für den Dichter als Achill spricht sein Anspruch und die Zuverlässigkeit seiner Schicksalsparze (parca non mendax).

Es geht aber in jedem Fall nur um ein Vielleicht (forsan), wählen können Grosphus und Horaz nicht, schon ein Blick in die Zukunft muß mit der Kraft eines Hasses vermieden werden (quod ultra est oderit curare). So bleibt es bei offenen Fragen im ländlichen Idyll des Grosphus, aber auch bei der Kernfrage: Ist er im Sinne der beiden positiven Aussagen weise oder nicht? Der Dichter jedenfalls ist es. Für seinen Schutz gegen äußere Gefahren und innere Tumulte genügt ein kleines Gut, eine zarte Kraft (vgl. die Lalage-Ode I, 22). Ihm ist die Bescheidenheit und Zurückgezogenheit (gleichviel ob man darin das Schicksal Achills oder des Tithonus sehen will) von seiner wohlmeinenden Schicksalsparze (parca non mendax) zugewiesen worden. Der Rückzug auf ein kleines Landgut (parva rura; Gegenbild zu den Rinderherden des Grosphus) ist nicht etwa Verzicht, sondern Bedingung für sein Dichten. Dort, im schattigen Hain (Ode I, 1, 30ff.) haucht ihn der kühle Geist der zartklaren (in tenuem) griechischen Quellnymphe (statt einer Muse) an (wie im Gegenbild die Stute den Grosphus anwiehert). Dort kann ihn die neidische Volksmenge nicht erreichen (diese kann ihn nur von fern anmuhen). Der Dichter braucht sich für das Volk auch nicht mit den purpurnen Wollgewändern des Grosphus zu schmücken.

Horaz beschreibt auch hier seine Kunst mit den Mitteln der Verneinung und Verdichtung. Er arbeitet mit einfachen, aber zugleich raffinierten Mitteln. Er schafft kleine Kostbarkeiten, die dem Silberfaß auf dem einfachen Tisch gleichen (in tenuem wiederholt sich tenui) und das Leben – wie das Salzfaß die Speisen – würzen. Eine treffende Aussage auch über dieses preziöse, elegante, ironische Lehrgedicht.

II 17

Die Sorgen des Maecenas über einen frühen Tod (prius obire) oder eine rasch zum Tode führende Krankheit (von einer solchen soeben genesen, war er vom Volk im Theater begrüßt worden: cum populus frequens laetum theatris ter crepuit sonum) sind unbegründet: weder den Göttern noch dem Dichter wäre es lieb (amicus), wenn er (wie es sich tatsächlich später ereignet hat) früher gehen müßte. Die Sorgen sind daher »Sorgereien« (querelis).

Dennoch nehmen sie dem Dichter Atem, Geist und Seele (exanimas; Zusammenhang mit »animae« in Z. 5), erschöpfen ihn an seiner Seele, vernichten ihn, machen ihn unfähig zur Dichtkunst und treten wie eine Wand zwischen ihn und Maecenas (Wortstellung: *me* querilis exanimas *tuis*). Denn vielleicht sind sie – so die überraschende Wendung in der zweiten Strophe – doch wahr, vielleicht nimmt eine raschere und stärkere Gewalt (maturior vis) den hinfort, als dessen anderer Seelenteil sich der Dichter fühlt (wie im Verhältnis zu Vergil, I 3, 8), weil er nicht nur auf den Ehrenerweis (grande decus) und die Unterstützung (so wie ein Haus auf den alles stützenden Dachfirstbalken: columenque) durch Maecenas angewiesen ist, sondern weil er sich von Maecenas, wie von keinem anderen, geschätzt und geliebt fühlt (nec carus aeque) und daher mit ihm so verbunden ist, daß eine Trennung seine Integrität zerbricht (nec superstes integer), so daß die ihm verbliebene Hälfte der gemeinsamen Doppelseele nicht mehr zu bewahren wert wäre (quid moror altera): Der Todestag des Maecenas wäre auch für ihn der Zusammenbruch, wie ein Haus zusammenbricht, dessen Firstbalken zerbricht (ille dies utramque ducet ruinam).

Die Beschwörung der Verbindung auch im Fall von Maecenas' Tod dementiert zugleich die Sicherheit, mit der der Dichter einen früheren Tod des Maecenas als den Götter nicht lieb und dem Dichter nicht recht beschrieben hat. Es ist selbstverständlich möglich, daß Maecenas rascher als gedacht sterben muß. Wenn Horaz seinen Schwur bekräftigt, ihm dann zu folgen und sich auch durch die Schreckensgestalten der Feuer-Chimären und des hunderthändigen Gyges nicht abschrecken zu lassen, als bereiter Gefährte Maecenas zu begleiten, was nützt dies dem Maecenas? Es gibt ihm jedenfalls die Sicherheit in der Bewegung (nicht im statischen Sein), daß er nämlich im möglichen Todesleid einen Getreuen hat und nicht allein die letzte Reise (supremum iter) anzutreten braucht (Strophe 3).

Die Gedanken der Seelenverbindung und der Waffenbrüderschaft im Kampf auf Leben und Tod (comites parati), durch den Kriegstreueid besiegelt (non ego perfidum dixi sacramentum), die im Bereich des »mihi« der zweiten Zeile angesiedelt sind, werden auf höherer Ebene (im Bereich der »dis« der zweiten Zeile) fortgeführt und abgesichert: Es ist auch der

Wille der göttlichen Gerechtigkeit und der Parzen, daß der Dichter sich (wenn schon der Tod kommt) von der Gefolgschaft gegenüber Maecenas nicht soll abschrecken lassen.

Damit wird zu einem weiteren Verbindungsargument (im Bereich der Götter) übergeleitet: zu den Sternen, die Götternamen tragen. Horaz tut so, als ob er (wie Leute einfachster Herkunft) seinen eigenen Geburtsstern nicht kennt (er läßt offen, ob es die Waage, der Skorpion oder der Steinbock ist). Weil das Sternbild seine Todesstunde bestimmen würde, ist auch diese Stunde und die Todesart (jeder Stern steht für eine andere) offen und damit auch (wegen der Verbindung beider!) Todesstunde und -art des Maecenas (obwohl diesem eindeutig ein Sternbild – der Stern des höchsten und siegreichen Gottes Jupiter – zugeordnet ist): Wenn ein Stern von beiden nicht bestimmbar ist, kann die Konstellation vom Sterndeuter nicht bestimmt werden. Die Verbindung hat darin ihr Zeichen, daß Horazens Sternbild und das des Maecenas – wie Sterndeuter sprechen – in einer besonderen, unglaublich wirksamen Beziehung zueinander stehen (utrumque nostrum incredibili modo consentit astrum) – unglaublich, weil einer von beiden niedrig von Rang und (Doppelbedeutung) unbekannt ist, unglaublich aber auch wegen ihrer Stärke.

Verbindung und Zeichen haben sich schon in der Vergangenheit als wirklich und wahr erwiesen: Jupiter (Sternbild und Gott) hat den Maecenas (Horaz hatte ihn damals begleitet) aus dem Schiffsunglück am Kap Palinurus (36 v.Chr.) im westlichen Meer (Anklang in: tyrannus Hesperiae Capricornus undae) glänzend errettet (tutela refulgens eripuit; Augustus sandte Maecenas danach nach Rom zurück). Jupiter hat die raschen Flügel des Schicksals ferner in einem schweren Krankheitsfall des Maecenas verlangsamt (tardavit alas) und Maecenas die Rückkehr in die Öffentlichkeit (Beifall der Menge im Theater) ermöglicht. Auch Horaz kann, auf einer anderen Ebene, vom Schutz der Götter singen: Davon, daß ein

Faun (Pan) ihn vor dem fallenden Baum (Ode II, 13) errettet hat.

Für den Staatsmann an der Spitze ist Jupiter, für den Dichter im Hain (der unter dem besonderen Schutz des Merkur steht: Mercurialium custos virorum) ist Pan (als Sohn des Hermes = Merkur) der zuständige Gott. Merkur ist zwar nicht das maßgebliche Sternbild, aber dem Dichter wegen seiner Kunst nahe, kein geborener, sondern ein gewordener Schutzgott, der göttliche, dichterische Geist, der uns in anderer, irdischerer Weise dem Tod entreißt, uns durch die Kunst der verbindenden Sprache (s. Ode I, 10) dem Leben öffnet.

Nicht Sorge, sondern Dank ist angemessen. Für den Staatsmann und den Dichter ein unterschiedlicher, aber gleichzeitiger Dank aus dem gleichen Grund. Maecenas schuldet Jupiter Herdenopfer und Tempelbauten (wie ein König, Ode I, 1, 1), Horaz seinem Faun nur ein Lamm (s. Ode I, 4, 11/12). In das bescheidene Lammopfer für den Dichterschutzgeist bezieht Horaz dementierbar (nos feriemus könnte Gemeinsamkeit bedeuten, aber auch Gegensatz sein, nur den Dichter meinen) Maecenas ein, der selbst mitunter gedichtet hat: wir werden (eigenhändig) ein Lamm darbringen (nos feriemus agnam), womit die enge Verbindung beider und ihre Nähe zur Dichtkunst beschrieben wird (allerdings – wegen des zweideutigen nos – zugleich höflich und spöttisch in Frage gestellt wird). Darüber hinaus ist dies die Einladung zum Mahl mit irdischem Maß: Laß uns das Lamm bescheiden gemeinsam essen, weil wir die Zukunft nicht kennen.

Ein Gedicht, das den Ernst der Sorge und des Treueschwurs mit entwaffnendem, zum Schmunzeln verlockendem Humor vermischt (Unkenntnis des eigenen Sternbildes, Vergleich des fallenden Baums mit den Gefahren, die von einem Saturn ausgehen und Jupiter auf den Plan rufen, zweifelnde Einbeziehung des Maecenas in das Dichter-Lammopfer). Eingefaßt ist dieses glänzende Assoziations- und Verbindungsspiel von zwei ernst zu nehmenden Aussagen: Daß Todes- und Krankheitssorgen den kreativen Geist, die Seele, lähmen und vernichten (exanimas) und daß ein lösender Segen eher von einem bescheidenen gemeinsamen Opfer an den Geist der Sprache (Faun für Merkur, s. Ode I, 10), von einer kleinen Tafelrunde, ausgehen kann als von großmächtigen Rinderopfern und Tempelbauten und vom Beifall der Menge im Theater der Welt.

Horaz ist 59 Tage nach Maecenas gestorben und neben ihm begraben worden.

II 19

Eine Hymme auf Bacchus, zweigeteilt in das Erleben des Dichters (Strophen 1 bis 4) und eine Anrufung des Gottes (Strophen 5 bis 8: tu, tu, te), eine Ode, deren Anfang und Ende (Strophen 1 und 8) sich in zwei freundlichen Szenen gebändigter Leidenschaft berühren und einen Gedanken über die Kunst des Dichters anklingen lassen. In der zweitletzten Ode des zweiten Buches, so wie in der Kleopatra-Ode im ersten Buch, ein Vorgedanke zur Schlußode.

In der Zurückgezogenheit (in remotis), hinter den Felsen (rupibus), die jene fernhalten, für die ein Lauschen Untat wäre (Kontrastgedanke zu dem zweimaligen »fas«), lehrt Bacchus (Strophe 1) mit so bezwingender Gewalt, daß die sonst webend-schwebenden Nymphen von ihrem Tanz ablassen und wie gelehrige Schülerinnen lernen (nymphasque discentis) und daß die bockfüßigen Satyrn ihre Sprünge unterbrechen und die Ohren spitzen (auris capripedum satyrorum acutas). Der Dichter in der Zurückgezogenheit des Sabinum ist es, der die Lehren des Gottes belauschen kann und darf und alsdann (unter der Gewalt des Gottes) nach diesen Lehren singen muß (fas): Er ist zwar nicht der von den Lehren des Bacchus Gemeinte, er steht außerhalb der Schülergruppe aus Nymphen und Satyrn, er stößt nur überraschend auf die idyllische Gruppe, die er erblickt (und belauscht). Der Gott duldet dieses Lauschen aber (fas), weil der Dichter sich weit zurückliegender Zeiten und ihrer Dichtkunst zugewandt hat (Hinweis in remotis) und ein Ohr für diese alten Lieder (carmina) hat, während andere, die als Nachfahren der Alten Spätere (posteri) sind (die Späteren als Nachfahren des Dichters werden erst von der Schlußode angesprochen), nichts hören und nur Felsen sehen: Diese müssen dem Dichter glauben (credite), er kann aus eigener Anschauung berichten und die erlauschten Lieder singen. Die Lieder müssen aber von den Späteren aufgenommen werden – dies ist der Übergangsgedanke zur Schlußode –, weil sie sonst (und mit ihnen der Dichter) sterben würden.

Der Dichter ist, das zweimalige »euhoe« verrät es (Strophe 2), vom Erlebnis des Bacchus im Geist erschüttert und mit Furcht erfüllt (recenti mens trepidat metu). Die Begegnung stürzt ihn in taumelnde Freude (turbidum laetatur, euhoe). Der Ruf nach Schonung (parce Liber, parce) ist nicht nur die Bitte, das Lauschen nicht mit dem schweren Weinlaubstab zu bestrafen (gravi metuende thyrso), sondern auch die Bitte, den Dichter vor der Trunkenheit (gravis = trunken), dem Übermaß des Gefühls (plenoque pectore), der Verwirrung (turbidum) der Freude (laetatur) zu bewahren, die ihn zur Dichtkunst unfähig macht, ihn zu bewahren vor dem Unmaß und Überfluß, der in der Strophe 3 mit dem bis zur Erschöpfung unermüdlichen Tanzen der Bacchantinnen-Maenaden (pervicacis Thyiadas) und dem Überströmen von Wein, Milch und Honig (Götterspeisen zur Stärkung schöpferischer Kraft) bildhaft umschrieben wird.

Bacchus als *Pan*, dessen Lieder die wilde Natur zähmen, aber auch als Urheber des Überflusses, der Glück und Schaden bringt und der um Schonung, um Zähmung seiner eigenen Gabenströme gebeten werden muß. Die letzte Strophe (8) überhöht dieses auf das irdische Leben bezogene Bild (nach dem hymnischen Aufflug zu den Bereichen der Götter in den Strophen 5-7, eingeleitet durch Strophe 4) durch das *Orpheus*-Motiv: Bacchus kommt aus dem Hades zurück (recedentis), aus dem er die Mutter Semele zurückgeholt hat. Der wilde Wächter Cerberus hat ihn gesehen (vidit, so wie der Dichter den Gott als Pan sah, Parallele zu vidi in der ersten Strophe), ist ihm gegenüber zahm (insons), hat Furcht vor seinem goldenen Horn (aureo cornu decorum) – wie der Dichter vor dem Weinlaubstab (gravi metuende thyrso) –, hat sanft seinen Schwanz an Bacchus gerieben (leniter atterens caudam) und ihm mit den drei Zungen seiner drei Mäuler (trilingui ore) sanft (Ausstrahlung von leniter) die Füße und Waden berührt (pedes tetigitque crura). Er ist gezähmt und gebannt wie die Nymphen, die Satyrn und der Dichter (der um schonende Zähmung seiner Bacchus-Freuden bittet).

Dazwischen Bacchus mit seinen geschichtlichen Taten. Zunächst in der überleitenden Strophe 4: Der Brautschmuck der glücklichen Ariadne, den Bacchus (Dionysos) in den Sternen befestigt hat, der kraftvoll ausbrechende Bacchus (aus dem Palast des Pentheus) und das grausame Ende des Thrakers Lycurgus (an dem Zeus eine Beleidigung des Bacchus durch Blendung furchtbar gerächt hat). Dann folgt die hymnische Anrufung (tu, tu) in den Strophen 5 und 6, in denen Bacchus in seiner göttlichen Macht gezeigt wird: auf der Reise nach Indien, auf der er Flüsse und Meere umlenkt und die Schlangen in den Haaren der Thrakerinnen (Bistonidum), ohne Schaden zu erleiden, zu einem Knoten zwingt (Strophe 5) – und als Verteidiger des Olymps gegen den Angriff der Giganten, als er sich entweder in einen Löwen verwandelte oder die Hilfe eines Löwen herbeirief (zwei unterschiedliche Versionen der Sage).

Nach dem lärmenden Kampfbild um den Olymp (Wortmalerei in *c*ohors s*c*anderet. *R*hoetum *r*eto*r*sisti) entfaltet sich ein sanft bremsender Abschwung in Strophe 7: ein verwundertes Staunen darüber, daß Bacchus angeblich mehr für Chorreigen,

Scherze und Spiel, nicht aber für Kampf geeignet sein soll. Beides wird als Gerücht bezeichnet (dicitur, ferebaris), weil es Bacchus' Art ist, in allem mitten dabei zu sein, im Frieden (vielleicht als Mittler) wie im Kampf (vgl. Ode I, 17, Strophe 6).

Mit dem entzückenden Bild des gezähmten, zärtlich streichelnden und füßeleckenden Cerberus bei des Bacchus Gang in die Unterwelt und seiner Rückkehr endet die Ode (Strophe 8) dort, wo sie begann: bei der bezwingenden Macht des Liedes, das im Orpheus-Motiv anklingt.

Die Ode deutet über die Kunst des Dichters an, daß er sie von einem Gott gelernt hat (Strophe 1), daß seine Kreativität mit göttlichen Speisen (Wein, Milch, Honig) im Übermaß gespeist wird, weshalb er stets um Schonung und Mäßigung bitten und ringen muß (Strophe 2). Die göttliche Herkunft seiner Lieder ermöglicht ihm – dieser Gedanke läßt sich aus der Verbindung von Strophe 1 und 8 erahnen (vgl. Ode II 13) – wie Bacchus (und Orpheus) in die Vorwelt der Verstorbenen (der Dichter Griechenlands) zu dringen, ohne Schaden zu nehmen, wieder zurückzukehren (Strophe 8) und den Späteren die Lieder (der vates, der alten Dichter) zu singen. Dies hat er (Verbindungsgedanke zu Strophe 1) von Bacchus gelernt. Bedingung ist, daß er in Glück und Unglück mäßig (parce) ist, sich selbst treu bleibt (idem eras) und den Geboten des göttlichen Liedes wie einem Schicksal folgt (fas).

Die erste und die letzte Strophe geben so dem Gedicht Einheit und Richtung, sie bereiten die Schlußode vor: Der Dichter überschreitet gefahrlos eine Grenze (remotis rupibus; Orpheus- Motiv), um bei den Früheren und Höheren zu lernen (Gegensatz zu posteri). Er ist mit einer der schönsten Oden für uns Spätere zurückgekehrt.

Der Dichter stellt sich in der Schlußode zum zweiten Buch allegorisch als singender Schwan dar (und bestätigt damit selbst, daß vieles in seiner Dichtung allegorisch verstanden werden kann). Für den antiken Hörer schwingt bei der Vorstellung eines Singschwans mit, daß er vor dem Tode singt, daß er in Verbindung mit Apollo gebracht wird, daß er nach Norden zu den glücklichen Hyperboräern (und im Winter nach Süden zu den Syrten) fliegt, daß ältere Dichter (schon wegen der weißen Farbe) mit einem Singschwan verglichen werden, ebenso geheimnisvolle Philosophen.

Der Dichter führt mit dem Singschwan-Bild das Orpheus-Motiv der vorletzten Ode des zweiten Buchs weiter. Er, der die Lieder der Vorzeit mit göttlicher Hilfe gelernt hat, blickt jetzt in die Zukunft. Seine Lieder und damit er selbst leben weiter bei denen, die (nicht in der Stadt, sondern) abseits wohnen, einfach leben und kundig sind.

Daß des Dichters Federn (seine Schreibfedern), die ungewöhnlich und stark sind (non usitata nec tenui), zur Dichtkunst genutzt werden konnten, dankt er dem Maecenas, den er im gedachten Abschied als geliebt bezeichnet (dilecte Maecenas). Im Vordergrund steht aber der Gedanke: Horaz braucht sich keine Sorgen um seine Sterblichkeit zu machen, weil er ein Seher und Dichter (vates) ist, wie schon in der ersten Strophe anklingt. Dank seiner Dichtkunst ist sein Gesang als Schwan kein Ende, sondern ein Überschreiten der Grenze zur Nachwelt (vgl. posteri in Ode II, 19). Das Orpheus-Motiv der zweitletzten Ode wird hier ganz zukunftgerichtet verwendet. Der Singschwan trägt die Kunde zu den neuen, jungen Völkern, die ihn aufnehmen, so wie er die Lieder von den Göttern (Bacchus-Ode) und von den alten griechischen Dichtern in der Unterwelt (Ode II, 13) übernommen hat.

Weil seine Lieder singend in die Zukunft ziehen (Schwanengesang als Todesbild; Bewegung weg von den Neidern in den Städten in die Lüfte und zu den fremden Völkerscharen), endet sein Flug nicht wie der des Ikarus. Der Dichter wird vielmehr aufgenommen von denen, die ihre Furcht verbergen (dissimulat metum), die sich – wenn auch weit entlegen – mit Wissen beschäftigen (noscent), die kundig sind (peritus) und lernen können (discet) und nüchtern, realistisch leben (Trinken des Rhonewassers).

Wegen dieser Aufnahme des mit seiner Kunst ganz identischen Dichters (völlige Verwandlung in einen Schwan, 3. Strophe) durch die abseits der »Städte« Wohnenden (vgl. Ode II, 19: in remotis) ist im Falle des körperlichen Todes des Dichters sein Grab tatsächlich leer (inani funere), eine Ehrung des toten Leibes überflüssig und gegenstandslos (supervacuos).

Ein würdiger Abschluß des zweiten Buchs. Selbstironie schützt die greifbar ernste Aussage. Der Dichter wirkt selbstbewußt. Er wird von seiner Kunst wie von einem Leben getragen. Der menschliche Wunsch nach ewigem Leben wird auf die Aufnahme und Weitergabe des dichterischen Werks begrenzt, damit in den Dienst der Dichtkunst gestellt und war mit diesem Inhalt – 2.000 Jahre beweisen es – realistisch.

1. Erste asklepiadeische Strophe

— — — ∪ ∪ — | — ∪ ∪ — ∪ ∪̲

I 1

2. Zweite asklepiadeische Strophe

— — — ∪ ∪ — | — ∪ ∪ — ∪ ∪̲
— — — ∪ ∪ — | — ∪ ∪ — ∪ ∪̲
— — — ∪ ∪ — | — ∪ ∪ — ∪ ∪̲
— — — ∪ ∪ — ∪ ∪̲

II 12

3. Dritte asklepiadeische Strophe

— — — ∪ ∪ — | — ∪ ∪ — ∪ ∪̲
— — — ∪ ∪ — | — ∪ ∪ — ∪ ∪̲
— — — ∪ ∪ — —
— — — ∪ ∪ — ∪ ∪̲

I 5

4. Vierte asklepiadeische Strophe

— — — ∪ ∪ — ∪ ∪̲
— — — ∪ ∪ — | — ∪ ∪ — ∪ ∪̲
— — — ∪ ∪ — ∪ ∪̲
— — — ∪ ∪ — | — ∪ ∪ — ∪ ∪̲

I 3

5. Fünfte asklepiadeische Strophe

— — — ∪ ∪ — | — ∪ ∪ — | — ∪ ∪ — ∪ ∪̲

I 11

6. Erste sapphische Strophe

— ∪ — — — | ∪ ∪ — ∪ — ∪̄
— ∪ — — — | ∪ ∪ — ∪ — ∪̄
— ∪ — — — | ∪ ∪ — ∪ — ∪̄
— ∪ ∪ — ∪̄

I 10, 20, 22, 25, 32, 38; II 6, 8, 10, 16

7. Alkäische Strophe

∪̲ — ∪ — — | — ∪ ∪ — ∪ ∪̲
∪̲ — ∪ — — | — ∪ ∪ — ∪ ∪̲
∪̲ — ∪ — — — ∪ — ∪̄
— ∪ ∪ — ∪ ∪ — ∪ — ∪̄

I 9, 17, 26, 37; II 3, 9, 11, 13, 14, 15, 17, 19, 20

8. Dritte archilochische Strophe

— $\overline{\cup\cup}$ — $\overline{\cup\cup}$ — | $\overline{\cup\cup}$ — ∪ ∪ | — ∪ — ∪ — —
— — ∪ — ∪ | — ∪ — ∪ — —
— $\overline{\cup\cup}$ — $\overline{\cup\cup}$ — | $\overline{\cup\cup}$ — ∪ ∪ | — ∪ — ∪ — —
— — ∪ — ∪ | — ∪ — ∪ — —

I 4

Quintus Horatius Flaccus wurde am 8. Dezember 65 v. Chr. im süditalienischen Venosa als Sohn eines Freigelassenen geboren, der es als Vertragserfüllungsmakler zu bescheidenem Wohlstand gebracht hatte. Dem besten Vater, schreibt Horaz, verdanke er alles (Sat.I.4.105: pater optimus; I.6.71: causa fuit pater his). Er habe den Mut gehabt, den Sohn nicht auf die örtliche Soldatenschule des Flavius zu schicken, sondern ihn in einer teueren Schule in Rom neben den Sprößlingen von Adligen und Senatoren Kunst und Wissenschaft lernen zu lassen (Sat.I.6.76f.). Dort seien ihm nicht nur epische lateinische Gedichte (Linius) vom strengen Orbilius zum Auswendiglernen und Schreiben diktiert worden (Epist.II.1.68f.), Rom habe ihn glücklicherweise auch mit dem »Zorn des Achill« (der Ilias) ernährt und belehrt (Epist.II.2.51ff.). Etwas mehr von der Kunst, sagte er spöttisch, habe er dann aber im schönen, geliebten Athen (a.a.O.: bonae Athenae, loco grato) begriffen. Athen habe in ihm die Lust geweckt, den geraden Weg vom krummen zu unterscheiden und in den Baumwandelgängen der Akademie nach Wahrheit zu forschen (a.a.O: scilicet ut vellem curvo dinoscere rectum atque inter silvas Academi quaerere verum). Dort ist er wohl auch erstmals auf die Lieder der frühen griechischen Dichter Alkäus und Sappho gestoßen (Fraenkel, S. 9).

In Athen schloß er sich im August 44 dem Brutus an, der den Studenten die Tötung Cäsars (15. März 44) als Tyrannenmord nahezubringen wußte. Rasch stieg er auf zum Militärtribun (6 Tribunen befehligten eine Legion). Der Absturz kam mit der Schlacht von Philippi (42). Brutus verlor die Schlacht, beging Selbstmord. Horaz floh, wie er selbst behauptet, unter Zurücklassung seines Schildes (Ode II.7.10: relicta non bene parmula; Anklang an Alkäus). Philippi habe ihm, sagt er, die Flügel gebrochen, Haus und Hof des Vaters seien ihm genommen worden. Doch hätten ihm Armut und Elend den Anstoß und Mut gegeben, Verse zu schreiben (Epist.II.2.51: paupertas inpulit audax ut versus facerem).

Horaz wurde begnadigt und erhielt eine auskömmliche Stelle als hoher Magistratsbeamter im Schatzamt und Staatsarchiv (Sueton, Vita Horati, 5-7). Er schrieb seine ersten Satiren und Epoden (ab 38). Die Dichterfreunde Vergil und Varius empfahlen ihn dem Maecenas. Er habe bei der ersten Begegnung wenig sagen können, berichtet Horaz, kindliche Scheu habe ihn gehindert; auch habe er ja nichts von einem berühmten Vater oder von Gütern und Pferden erzählen können. Er habe nur gesagt, was er sei (Sat.I.6.60: quod eram narro). Nach neun Monaten habe Maecenas ihn dann einfach in seinen Freundeskreis geladen (a.a.O. 61f.: iubesque esse in amicorum numero).

Etwa im Jahre 31 schenkte Maecenas dem Horaz das Landgut im Sabinerland, in dessen Zurückgezogenheit der Dichter seine berühmten Oden geschaffen hat (der Ausgrabungsort zieht noch heute die Pilger an). Sein Staatsamt hat er aufgegeben oder nur noch nebenher geführt (Fraenkel, S. 15).

Die Bücher I bis III der Oden (darunter die hier übersetzten und erläuterten) sind nahezu alle in den 7 Jahren zwischen 30 und 23 entstanden. Horaz war mit der Aufnahme dieser Lieder zuerst nicht ganz zufrieden. In den führenden Kreisen Roms breitete sich aber sein Ruhm rasch aus. Augustus wollte ihn als Privatsekretär gewinnen. Er schrieb dem Maecenas, Horaz solle von dessen »Parasitentisch« an seinen königlichen Tisch überwechseln (Sueton, 19). Horaz lehnte aber aus Gesundheitsgründen ab. Augustus nahm ihm das nicht übel. Wenn auch der Dichter, so schrieb er ihm mit dem groben Humor des Politikers, »stolz auf unsere Freundschaft keinen Wert« lege, wolle er dies doch nicht in gleicher Münze vergelten (Sueton, 24f.). Er trieb ihn zu weiterer dichterischer Arbeit an, »damit der Umfang deines Werks sich zunehmend runde wie der deines Bauches« (Sueton, 48). Er übertrug ihm das Festgedicht zur Säkularfeier (Carmen Saeculare, im Jahre 17); auf sein Drängen hin (coegerit) mußte Horaz nach langer Unterbrechung im Jahre 13 den drei Büchern seiner Oden ein viertes folgen lassen (Sueton, 33 ff.).

Horaz hat selbst die Maßstäbe beschrieben, nach denen er gedichtet hat (De arte poetica liber): Der Stoff müsse den Kräften angemessen sein (38), Fruchtbarkeit und lichtvolle Ordnung ließen sich nur erreichen, wenn man lediglich das sage, was jetzt erforderlich sei, alles andere aber beiseite lasse (41 ff.). Es gehe um liebevolles und verachtendes Wählen (45). Geistreiche Verbindungen könnten altbekannte Worte neu wirken lassen, kühne Wortneubildungen aus der »griechischen Quelle« seien mit Maßen erlaubt. Es gelte, die metrischen Wechsel und die unterschiedliche Farbkraft der Versmaße zu achten (86 ff.). Die Dichtung solle nicht nur schön sein, sie müsse süß sein und, wenn immer sie wolle, die Herzen der Hörer hinreißen; das Menschengesicht sei zum Lachen mit den Lachenden, zum Weinen mit den Weinenden geschaffen (101 f.). Grund und Ursprung des rechten Schreibens sei das Verstehen (sapere, 309). Werke der Dichtkunst seien wie Gemälde: Das eine ergreift dich mehr, wenn du nahe stehst, das andere bei größerem Abstand; das eine liebt den dunklen Platz, das andere will bei hellem Licht betrachtet sein und fürchtet nicht den scharfen Blick des Kenners; das eine gefällt schon beim erstenmal, das andere erst, wenn man es zehnmal wiederholt (361 ff.).

Maecenas starb im Jahre 8 v. Chr. In seinem Testament schrieb er dem Augustus: Sei des Horaz wie meiner eingedenk (Horati Flacci ut mei esto memor, Sueton, 15). 59 Tage später, am 27. November des Jahres 8 v. Chr., folgte ihm Horaz im Alter von 57 Jahren, wie er es ihm in der hier übersetzten Ode II 17, 2. und 3. Strophe, zum Trost vorhergesagt hatte. Er wurde neben Maecenas bestattet, am Rande des Esquilin (Sueton, 63 f.).

Zu dieser Ausgabe

Der lateinische Text folgt der Ausgabe von F. Klingner, *Q. Horati Flacci Opera*, Leipzig, 3. Aufl., 1959; Ausnahmen: II 11, 23 (incomptam) und 24 (nodum). Einzelne weitere Abweichungen nach D.R. Shackleton Bailey, *Q. Horati Flacci Opera*, Stuttgart 1985.

Übersetzungen (Auswahl)

Christoph Martin Wieland, *Werke in zwölf Bänden*, Bd. 9: *Übersetzung des Horaz*. Herausgegeben von Manfred Fuhrmann. Deutscher Klassiker Verlag, Frankfurt am Main 1986.
Horaz, *Sämtliche Werke*, Artemis Verlag, München und Zürich, 10. Aufl. 1985 (Teil I herausgegeben von Hans Färber).
Horaz, *Glanz der Bescheidenheit*, Übersetzung von Herzlieb und Uz, Artemis Verlag, München und Zürich, 2. Aufl., 1987.
Quintus Horatius Flaccus, *Oden und Epoden*, übersetzt von Bernhard Kytzler (Versuch einer wörtlichen Übersetzung unter möglichst genauer Beibehaltung der Wortfolge), Reclam, Stuttgart, 3. Aufl., 1984.

Kommentare (Auswahl)

Kießling/Heinze, *Q. Horatius Flaccus, Oden und Epoden*, 14. Aufl., Hildesheim und Zürich (Weidmann) 1984.
Nisbet/Hubbart, *A Commentary on Horace Odes*, Bd. I, Oxford, 3. Nachdruck 1980; Bd. II, Oxford 1978.
Quinn, *Horace The Odes*, 4. Nachdruck 1985, MacMillan, Houndsmill u.a. 1985.

Literatur (Auswahl)

Fraenkel, *Horace*, Neudruck 1980, Oxford (behandelt die hier übersetzten und besprochenen Oden I 1, 4, 9, 10, 17, 20, 22, 32, 37, 38; II 13, 16, 17, 19 und 20).
Pöschl, *Horazische Lyrik*, Heidelberg 1970 (behandelt die hier übersetzten und besprochenen Oden I 5, 9, 37; II 16).

Syndikus, *Die Lyrik des Horaz*, Bd. I, Darmstadt 1972 (Interpretationen zu allen Oden).
Suetonius, *Vita Horati*, in: *De viris illustribus*, Teil: *De poetis*, abgedruckt und übersetzt bei Wieland S. 576ff.; bespr. bei Fraenkel S. 1 ff.
Wilkinson, *Horace & his Lyric Poetry*, Cambridge 1946.

Umschlagabbildung: Dionysischer Umzug. Dionysos in Begleitung von Psyche und einem Faun, wird in einem Wagen von zwei Eroten weggezogen. Cammeo in niccolo, späthellenistisch. Museo Nazionale di Napoli.

Alte Welt und Mittelalter
im insel taschenbuch

Aischylos: Prometheus in Fesseln. Zweisprachige Ausgabe. Herausgegeben und übersetzt von Dieter Bremer. Mit Hinweisen zur Deutung und Wirkungsgeschichte. it 918

Jost Amman: Frauentrachtenbuch. Mit kolorierten Holzschnitten der Erstausgabe von 1586 und einem Nachwort von Manfred Lemmer. it 717

Apuleius: Der goldene Esel. Mit Illustrationen von Max Klinger zu ›Amor und Psyche‹. Aus dem Lateinischen von August Rode. Mit einem Nachwort von Wilhelm Haupt. it 146

Augustinus: Bekenntnisse. Lateinisch und Deutsch. Eingeleitet, übersetzt und erläutert von Joseph Bernhart. Mit einem Vorwort von Ernst Ludwig Grasmück. it 1002

Joseph Bédier: Der Roman von Tristan und Isolde. Mit Holzschnitten von 1484. Deutsch von Rudolf G. Binding. it 387

Boethius: Trost der Philosophie. Zweisprachige Ausgabe. Lateinisch und deutsch. Mit einem Nachwort von Ernst Ludwig Grasmück. it 1215

Otto Borst: Alltagsleben im Mittelalter. Mit zeitgenössischen Abbildungen. it 513

Kai Brodersen: Die Sieben Weltwunder. Texte des Philon von Byzanz und anderen. Zweisprachige Ausgabe. Mit zahlreichen Abbildungen. it 1392

Giordano Bruno: Das Aschermittwochsmahl. Übersetzt von Ferdinand Fellmann. Mit einer Einleitung von Hans Blumenberg. it 548

Marcus Tullius Cicero: Von den Pflichten. Zweisprachige Ausgabe. Neu übertragen von Harald Merklin. Mit einem Nachwort von Manfred Fuhrmann. it 1273

Dante: Die Göttliche Komödie. Mit fünfzig Holzschnitten von Botticelli. Deutsch von Friedrich Freiherr von Falkenhausen. 2 Bde. it 94

Epikur: Philosophie der Freude. Briefe, Hauptlehrsätze, Spruchsammlung, Fragmente. Übertragen und mit einem Nachwort versehen von Paul M. Laskowsky. it 1057

Erasmus von Rotterdam: Das Lob der Torheit. Mit den Randzeichnungen von Hans Holbein dem Jüngeren. Übersetzt und herausgegeben von Uwe Schultz. it 369

Das Evangeliar Heinrichs des Löwen. Erläutert von Elisabeth Klemm. Mit farbigen Bildtafeln. it 1121

Aulus Gellius: Attische Nächte. Ein Lesebuch aus der Zeit des Kaisers Marc Aurel. Herausgegeben von Heinz Berthold. it 1079

151/1/8.91

Alte Welt und Mittelalter
im insel taschenbuch

Band V: Politeia. it 1405
Band VI: Phaidros. Theaitetos. it 1406
Band VII: Parmenides. Sophistes. Politikos. it 1407
Band VIII: Philebos. Timaios. Kritias. it 1408
Band IX: Nomoi. it 1409
Band X: Briefe. Unechtes. it 1410

– Phaidon. In der Übersetzung von Rudolf Kassner. Mit einem Nachwort von Karl Hielscher. it 379

– Das Trinkgelage oder Über den Eros. Übertragung, Nachwort und Erläuterungen von Ute Schmidt-Berger. Mit einer Wirkungsgeschichte von Jochen Schmidt und griechischen Vasenbildern. it 681

Römisches Lesebuch. Herausgegeben von Manfred Fuhrmann. it 996

Der Sachsenspiegel in Bildern. Aus der Heidelberger Bilderhandschrift ausgewählt und erläutert von Walter Koschorreck. it 218

Sagen der Römer. Geschichten und Geschichte aus der Frühzeit Roms. Nach antiken Autoren erzählt von Waldemar Fietz. it 466

Sappho. Neu übertragen und kommentiert von Stefanie Preiswerk-zum Stein. Mit farbigen Abbildungen. it 1229

Sappho: Strophen und Verse. Übersetzt und herausgegeben von Joachim Schickel. it 309

Wolfgang Schadewaldt: Der Gott von Delphi und die Humanitätsidee. Aufsätze und Vorträge. it 1291

Friedrich Schlegel: Romantische Sagen des Mittelalters. Herausgegeben von Hermann Hesse. it 930

Heinrich Schliemann: Troja und Homer. Porträt eines Enthusiasten. Nach Schliemanns Aufzeichnungen entworfen von Wieland Schmied. Mit zahlreichen Abbildungen. it 1295

Gustav Schwab: Sagen des klassischen Altertums. 3 Bde. Mit sechsundneunzig Zeichnungen von John Flaxman und einem Nachwort von Manfred Lemmer. it 127

Sophokles: Antigone. Übertragen und herausgegeben von Wolfgang Schadewaldt. Mit einem Nachwort, einem Aufsatz, Wirkungsgeschichte und Literaturhinweisen. it 70

– Antigone. Übersetzt von Hölderlin. Bearbeitet von Martin Walser und Edgar Selge. it 1248

– König Ödipus. Übertragen und herausgegeben von Wolfgang Schadewaldt. Mit einem Nachwort, drei Aufsätzen, Wirkungsgeschichte und Literaturnachweisen. it 15

Tacitus: Germania. Zweisprachig. Übertragen und erläutert von Arno Mauersberger. it 471

151/4/8.91

Alte Welt und Mittelalter
im insel taschenbuch

Der tanzende Tod. Mittelalterliche Totentänze. Herausgegeben, eingeleitet und übersetzt von Gert Kaiser. it 647

Theokrit: Sämtliche Dichtungen. Aus dem Griechischen übertragen und herausgegeben von Dietrich Ebener. it 1158

Vergil: Aeneis. Aus dem Lateinischen von Rudolf Alexander Schröder. Mit Abbildungen aus dem Codex Vergilius Vaticanus. it 1294

François Villon: Sämtliche Dichtungen. Zweisprachige Ausgabe. Aus dem Französischen von Walther Küchler. it 1039

Walther von der Vogelweide: Gedichte. Mittelhochdeutscher Text mit der Übertragung von Karl Simrock aus dem Jahre 1833. it 1004

Weisheit aus der Wüste. Worte der frühen Christen. Herausgegeben von Gerd Heinz-Mohr. Mit farbigen Abbildungen. it 1187

Wie ein Mann ein fromm Weib soll machen. Mittelalterliche Lehren über Ehe und Haushalt. Herausgegeben, ins Neuhochdeutsche übertragen und mit einem Nachwort versehen von Michael Dallapiazza. it 745

151/5/8.91